나 자신의 삶은 물론 다른 사람의 삶을 삶답게 만들기 위해
끊임없이 정성을 다하고 마음을 다하는 것처럼 아름다운 것은 없다.

톨스토이

남을 위해 산다는 것은 쉬운 일이어서 누구나 잘하고 있지만,
이참에 나는 여러분에게 자기 자신을 위해 살도록 요청한다.

에머슨

행복의 원칙은 첫째 어떤 일을 할 것, 둘째 어떤 사람을 사랑할 것,
셋째 어떤 일에 희망을 가질 것이다.

칸트

고난과 불행이 찾아올 때에 비로소 친구가 친구임을 안다.

이태백

어제보다 더 행복해지기 위한
56가지 마음 훈련법

행복 시크릿

어제보다 더 행복해지기 위한 56가지 마음 훈련법

행복 시크릿

펴낸날 2021년 6월 15일 1판 1쇄

지은이 류창장
옮긴이 정은지
펴낸이 강유균
편집위원 이라야, 남은영
기획·홍보 김아름
교정·교열 이교숙, 양다은
경영지원 이안순
디자인 바이텍스트
마케팅 신용천

펴낸곳 리드리드출판(주)
출판등록 1978년 5월 15일(제 13-19호)
주소 경기도 고양시 일산서구 고양대로632번길 60, 207호(일산동, 대우이안)
전화 (02)719-1424
팩스 (02)719-1404
이메일 gangibook@naver.com
홈페이지 www.readlead.kr
포스트 https://post.naver.com/gangibook

ISBN 978-89-7277-350-4 (03320)

* 잘못된 책은 바꾸어 드립니다.
* 책값은 뒤표지에 있습니다.

행복 시크릿

어제보다 더 행복해지기 위한
56가지 마음 훈련법

류창장 지음 | 정은지 옮김

리드리드출판

prologue

행복은
당신을 위해 존재한다

우리는 “행복합니까?”라는 질문에 선뜻 “네!”라고 답하지 못한다. 행복한 순간은 있었지만 밀물처럼 왔다 썰물같이 빠져나가 현재 내 주위에 행복이 머물러 있다고 확신하지 못하기 때문이다. 행복하다고 말할 만큼 돈이 충분한 것 같지도 않고 일이 잘되는 것도 아니며, 사회적 권위나 명예가 있는 것도 아니라는 이유를 댄다. 더구나 추진하는 일에서 좌절하거나 실의에 빠지면 눈앞에서 흔적도 없이 사라지는 게 행복이라고 여긴다.

한편으로는, 행복은 사는 데 아무 걱정이 없는 사람들이 누리는 사치나 허세라고 생각한다. 자신은 넉넉하고 풍족하지 않으니 생활에 행복한지 불행한지 따질 겨를이 없다고 한다. 돈은 많으나 정신적 공허함을 느끼는 사람이라면 행복은 강 건너 불이라고 여긴다. 종종 행복을 입에 달고 살지만, 그저 자신을 위로하고 다른 사람의 기대에 부응하려는 행동이라고 한다. 그렇다면 행복의 실체는 무엇이고 어디 있을까?

'행복'을 조사해보면 지역과 나이, 경험에 따라 다르게 나타난다. 이런 외적 요소를 배재하면 스스로 얻은 기쁨의 결과이고, 자신만 느끼는 감정이다. 그래서 행복은 자기 위안적 최면일 거라고 여겨지기도 한다. 진대晋代에 노장老莊을 숭상하여 죽림에 모여 청담淸談을 일삼았던 산도山濤·완적阮籍·혜강嵇康·상수尙秀·유영劉伶·완함阮咸·왕융王戎의 일곱 학자 죽림칠현이 세상에 휘둘리지 않고 자신의 길을 갔다. 그들은 세속을 따르지 않고 법을 무시했다. 세상과 담을 쌓는 방식으로 위험 앞에서 머리를 숨겨 보지 않고 듣지 않는 방법을 선택한 것이다. 그럼 그들은 진정으로 행복했을까?

행복은 공평하다. 물질의 풍요보다 생각이나 감정과 깊이 관련되어 있어, 지위가 높은 사람이든 가난한 서민이든 관계없이 똑같이 행복을 느낀다. 행복의 크기나 함량도 비교가 불가하다. 다른 점이 있다면 그것을 바라보는 시각이다. 바쁜 도시 생활과 치열한 경쟁, 물질적 풍요가 가져오는 만족을 추구하는 사람은 외진 시골에서 열심히 일하고 나무 그늘에 앉아 시원한 바람을 맞는 행복을 원하지 않는 것과 같다. 시골 농부가 농산물을 수확하며 얻는 행복은 비싼 차를 타고 명품을 걸치는 재벌에 비길 수 없다. 이처럼 행복은 삶과 밀착된 상태에서 나오는 감정이다. 상대 평가를 할 수 없는 무형의 자산이다.

행복은 내면에 존재한다. 배고파 죽을 지경일 땐 풀 한 포기로 배를 채워도 행복하다. 시한부 선고를 받은 사람은 숨 쉬는 것 자체가 행복이다. 자신이 처한 상황에서 최소한의 여건만 충족되더라도 행복할 수 있다는 뜻이다. 남들의 기준이나 평가, 시선에 자기 행복을 대입하는 것은 불행을 자초하는 길이다. 겉으로 보기에는 물질이나 환경이 완벽해 행복해보이지만 정작 자신은 불행하다고 여기는 사람들이 많다. 다시 말하지만 자기만족이 행복을 부른다. 자신만의 행복 포인트가 있어야 한다. 그렇다면 우리는 이 순간 무엇을 포착해야 할까?

귀가 후 가족과 함께하는 시간, 멋진 친구의 연락을 기다리는 것, 집 안 정리 후 삶에서 느낀 걸 글로 기록하는 시간, 늦은 밤에 마시는 향기로운 차 한 잔은 어떤가? 건강하게 하루를 마치고 잠자리에 드는 것, 자주는 아니어도 가끔 안부를 전하고 받을 사람이 주위에 있다는 것, 미술관 전시회 관람이나 좋아하는 뮤지션의 음악 감상 등 보고 들을 수 있다는 행위 자체가 그 무엇과도 대체가 불가능한 행복의 요소들이다.

행복을 본 사람은 아무도 없다. 행복이 어떤 공간에 우뚝 서 있는 것도 아니다. 자기 내면에 자리하고 있으므로 그 행복을 느끼기만 한다면 마음먹기에 따라 무궁무진하게 부풀릴 수 있다.

이 책은 심리학자 탈 벤 샤하르 교수의 《하버드 행복수업》을 바탕으로 썼다. 그의 강의는 매 학기 수강 신청에서 가장 일찍 마감된다. 하버드생뿐만 아니라 학부모, 교수들도 듣는 수업으로 정평이 나 있다. 수업을 들은 사람들은 한결같이 정신이 맑아지고 몸이 가벼워졌다고 말한다. 행복을 몸으로 체험한다는 것이다.

그럼 그동안 세계 일류를 자부하는 사람들이 행복하지 않았다는 말일까? 그렇지 않다. 샤하르 교수는 현재 유보하고 있는 행복, 주위를 맴돌고 있는 행복에 눈뜨는 법을 알려준다. 그리고 행복을 바라만 보지 말고 행복에 다가가라고 말한다.

탈 벤 샤하르 교수가 전하는 '행복'의 가장 핵심은 인간은 왜 불행한가, 무엇이 진정한 행복인가, 누가 우리의 행복을 빼앗았나, 무엇이 우리의 행복을 방해하는가, 어떻게 행복을 느낄 수 있는가 등의 질문들에서 시작한다.

세계적 명성을 가진 교수의 강의 주제라고 보기에는 일반적이고 보편적인 과제의 출발이다. 진지한 고찰이 필요할 것 같지도 않다. 하지만 샤하르 교수는 즉흥적으로 생각나는 답을 떠올린 뒤 무엇이 그런 상황으로 이끌었는지 돌아보게 한다. 여유를 갖고 주의 깊게 자기 삶을 반추해보는 것이다. 그 과정을 경험하고 나면 행복을 원하지만, 불행의 언저리에서 맴돌고 있는 자신을 발견하게 된다. 외부에 있고 자신에게서 아주 멀리 있다고 단정했던 행복이 아주 가까이 있음을 깨닫는다. 우리는 이 쉬운 질문을 외면하고 살았다.

이 책은 샤하르 교수가 언급한 일상의 예시를 통해 심리, 감정,

직장, 재산, 건강 부분에서 사람들 마음에 있는 행복을 일깨워준다. 삶에서 중요하다고 여기는 부분이지만 벽에 부딪힌 듯 난감한 상황에도 잊지 말아야 할 행복의 가치를 전한다. 행복에 대한 정답도 아니고 해결방법의 제시도 아니다. 삶에 행복이 깃들게 하는 지침이다. 심적으로 위기에 선 당신에게 건네는 제안이다. 그래서 읽는 것만으로도 위안을 얻고 막막한 감정에서 벗어나 행복에 이르게 된다.

자, 지금부터 가까이 있지만 쉽게 발견할 수 없는 행복을 찾아 떠나보자. 떠날 때 준비물은 아무것도 필요 없다. 그저 행복하고 싶은, 이제부터 행복할 거라는 마음이면 충분하다. 험난한 여정도 아니므로 옷깃을 여밀 필요도 없다. 편안한 마음으로 책장을 넘기기만 하면 된다. 그러나 돌아오는 길, 마지막 책장을 덮는 순간엔 행복으로 벅찬 자신을 만나리라 장담한다.

당장 떠나자. 행복은 당신을 위해 존재한다.

차례

PART 2 행복은 현재진행형이다

PART 3

행복의 의미를 찾아서

PART 4 행복 더하기 행복

대개 행복하게 지내는 사람은 노력가이다.
게으름뱅이가 행복하게 사는 것을 보았는가! 노력의 결과로써 오는
어떤 성과의 기쁨 없이는 누구도 참된 행복을 누릴 수 없기 때문이다.
수확의 기쁨은 그 흘린 땀에 정비례한다.

블레이크

PART 1

궁정의 기쁨을 발견하다

THE SECRET OF HAPPINESS

어떤 사람이 감정일기를 썼다. 그는 평소에 잘 웃는 사람이었고 매사에 적극적이었다. 열정도 넘쳐서 남부럽지 않을 만큼 자기 일을 사랑했다. 매사에 기쁨을 찾으며 산다고 믿었다.
일 년 뒤, 그는 자신이 쓴 일기장의 단어를 분석해보고 깜짝 놀랐다. 부정적인 어휘가 80%, 긍정적 어휘 20%로 나온 것이다. 형식적인 긍정이 아닌 마음 깊숙한 곳에서 우러나는 긍정의 힘이 필요하다. '긍정'으로 바뀌는 삶의 기쁨을 찾아보자.

01

이 순간부터 행복한 사람이 되자

아름답고 따뜻한 단어 중 하나가 '행복'이다. 이 단어를 떠올리면 마음이 훈훈해지면서 미소가 피어난다. 개인별로 느끼는 행복의 충만함은 다르겠지만 아주 옅은 흐뭇함에서부터 가슴 벅찬 감동까지 느끼는 행복은 넓고 깊다. 행복을 느끼는 각도도 모두 다르다. 사회적 성공, 가정, 직업, 인간관계 등 자신의 관심이 치중하는 곳에서 행복을 느낀다. 그래서 섣불리 행복을 정의할 수 없다.

해자海子는 "내일부터 행복한 사람이 되자. 말에게 먹이를 주고, 장작을 패고, 세계를 두루두루 여행하자. 내일부터 음식과 채소에도 더욱 관심을 가지자. 나는 바다를 마주하여 바라보는 방이 있는 집이 있다. 봄은 따뜻하고 꽃은 활짝 피었다."라고 말하며 일상생활에서 행복을 만끽하려 했다. 반면 삐수민毕淑敏은 "행복은 고통이 없는 시간을 의미한다. 행복이 등장하는 빈도는 생각보다 많다. 하지만 사람들은 흔히 행복이란 금으로 된 마차가 저 멀리 떠나버렸다고 생각하며 땅에 떨어진 금빛 말갈기를 주우며 이전에 행복을 보았다."라고 말했다. 행복을 대단한 행운으로 여기는 것을 안타까워한 것이다.

"당신은 행복이 무엇이라 생각하는가?"라고 누군가 물으면 자신의 불행했던 과거와 현재를 떠올리며 한 번도 행복했던 적이 없다고 답할지 모른다. 그러나 진지하게 자신의 삶을 들여다보면 순간순간 행복했던 일들이 가득하다. 행복이 자신의 곁을 멀리한 것이 아니라, 자신이 행복의 존재를 무시하고 어둠 속에 숨겨놓고 꺼내보지 않은 것이다.

톨스토이를 만난 어느 무명작가가 "사랑하는 것들을 다 갖고 계시니 선생님은 정말 행복한 사람입니다."라고 말했다. 그러자 톨스토이는 담담하게 "아닙니다, 저는 제가 사랑하는 것들을 다 가진 것이 아니라, 제가 가진 모든 것을 다 사랑하는 것입니다."라고 말했다.

행복은 모든 것이 충족되었을 때 느끼는 감정이 아니라는 것이

톨스토이의 지론이다. 자신에게 주어진 불우한 상황이나 악조건까지도 포용하며 감내하는 마음에서 행복은 발견된다. 조금이라도 더 나아지는 과정에서 행복을 느끼기 때문이다.

사람은 욕망을 실현하기 위해 끊임없이 질주하는 동물이다. 별을 가지면 하늘을 갖고자 하고, 물을 가지면 바다를 갖고자 한다. 지금 가지고 있는 별과 물을 만족하지 못하고 그 가치를 과소평가한다. 자신이 얻지 못할 것을 추구하면서 그것이 있어야만 자신이 행복해질 수 있다고 믿는다. 그러면서 지금 자신에게 주어진 평범하지만 작은 행복들은 소홀히 여긴다. 지금 자신이 누리는 행복은 다른 사람이 그토록 갖기 원하는 행복인데, 상상 속 신기루만 잡으려 한다. 하지만 명심하라. 자신이 가진 행복을 무시한다면 결코 행복할 수 없다는 것을.

어느 현인은 "꽃이 피었을 때 주저하지 말고 꺾으라. 꽃이 지고 난 뒤 아무것도 없는 가지를 꺾지 마라.'고 했다. 더 위대한 것을 기대하며 눈앞에 핀 꽃을 무시한다면 꽃이 진 뒤 아쉬워하고 슬퍼할 수밖에 없다. 후회의 눈물을 흘린들 한 번 진 꽃이 다시 피어나지 않는다. 그러므로 현재 누리고 있는 행복을 소중히 여겨라.

행복은 다른 사람에게 보여주기 위해 존재하는 것이 아니다. 과시도 안 되고 드러내놓고 전시할 수도 없다. 오로지 자기 마음에 기쁨이 충만한 상태이다. 그 행복의 순간을 포착하고 붙잡아야 한다. 잡을 수 있는 사람도 자신뿐이다. 자기 분신 같은 존재라 하더라도 행복을 함께 나눌 수는 있지만 대신 느껴줄 수는 없다. 오로지 자신의 자각에 의해서만 행복이 가능하다.

인생이라는 망망대해를 항해하며 그날그날 낚는 행복을 만끽하라. 크든 작든 다시 못 잡을 행운처럼 기뻐하라. 그것이 매일 매일 행복할 수 있는 비결이고 아름다운 인생을 설계하며 살아가는 비법이다. 그렇지 않으면 인생은 칙칙한 회색빛으로 덮이고 삶의 열정도 사라진다. 자, 당장 미소를 지어보자. 그렇게 웃을 수 있으니 이 또한 기쁘지 아니한가!

02

염려는 걱정을 낳고 만족은 행복을 탄생시킨다

생전에 다른 사람을 열심히 돕던 선량한 사람이 죽었다. 그는 천사가 되어 인간계에 내려가 사람들이 행복하게 도와주었다.

어느 날 매우 괴로워하는 농부를 만났다.

"우리 집에 물소가 방금 죽었어요. 그 소가 없이는 논을 갈 수 없어요. 이제 저는 앞으로 어떻게 농사를 짓죠?"

사정을 들은 천사는 그에게 건강한 물소를 한 마리를 주었다. 농부는 매우 기뻐했다.

이번에는 매우 슬퍼하는 남자를 만났다.

"사기를 당해서 돈을 다 잃어버렸어요. 집에 돌아갈 돈도 없습니다."

천사는 그에게 돈을 주었다. 남자는 집으로 돌아가며 매우 기뻐했다.

이번에는 시인을 마주쳤다. 시인은 젊고 잘생겼으며 돈도 많은 부자였다. 그의 아내도 아름답고 온화했다. 그런데도 시인은 웃지 않았다.

"행복하지 않나요? 도와드릴까요?"

"저는 없는 게 없어요. 다만 한 가지가 부족하죠. 저에게 그걸 줄 수 있으신가요?"

"당연하죠. 당신이 원하는 것은 무엇이든 다 줄 수 있어요."

시인은 천사를 똑바로 보며 말했다.

"제가 원하는 건 행복입니다."

천사는 안타까운 표정을 지었다. 시인은 당신이 천사라면 행복을 줄 수 있는 거 아니냐고 따졌다. 천사는 하는 수 없이 알겠다고 대답했다. 그러고는 시인이 갖고 있던 재능과 외모, 재산과 아내의 목숨까지 가져가버렸다.

천사는 한 달 뒤에 시인을 찾아갔다. 시인은 굶주림으로 반쯤 죽어가는 상태였다. 그는 허름한 옷을 입고 땅에 누워 괴로워하며 발버둥치고 있었다. 천사는 시인에게서 빼앗아갔던 모든 걸 다시 돌려주었다. 시인은 아내를 껴안으며 행복에 겨워 천사에게 감사를 표했다.

얻지 못할 행복만을 바라보지 말자. 가끔 걸음을 멈추고 주변의 아름다운 풍경을 감상해보라. 마음이 풍요로워지고 자연의 이치에 감동한다. 이 느낌을 전해 받는 순간 행복이 스민다. 당신 주변에도 감상할 만한 아름다운 풍경들이 있다.

삶에는 고통이 따르지만 누구도 그것을 피할 수 없다. 몸은 언젠가 쇠약해질 것이고 아름다움도 시든다. 하는 일마다 승승장구하는 날도 있겠지만 장벽에 가로막히거나 장애물에 걸리는 날도 많다. 거절당할 수도 있고 신뢰가 무너질 수도 있다. 죽음 때문에 소중한 것을 잃어버리는 경우는 비극이지만 미리 손쓸 수 없이 닥친다. 위험 앞에서 실망하거나 실패할 수도 있다. 그런 일이 닥치는 순간에도 차분한 마음으로 받아들이고 남아 있는 것들을 돌아본다면, 불행에 무릎 꿇지 않을 수 있다. 미약하지만 나름의 향기를 발하는 행복들이 은은하게 당신을 감싸고 위안을 전할 것이다.

지금 자신이 누리고 있는 행복을 사랑하라. 마음이 충만해지고 여유가 생길 것이다. 허영심과 침착하지 못한 마음은 행복을 가리는 암막이다. 암막을 걷어내는 순간 기쁨이 보이고 살아 움직이는 행복의 조각들이 보인다. 행복한 삶이 당신을 외면한 것이 아니라 따뜻한 빛을 내리쬐며 찬란한 미소를 짓고 있었다는 것을 느끼게 된다. 카메라로 찍듯이 행복의 순간순간을 마음에 새기자. 어려울 때 그 기억을 떠올리며 힘을 얻을 수 있다.

삶에서 고통을 피할 수 없다고 할지라도 고통을 다스리는 방법은 있다. “이 또한 지나가리라.”는 말은 허황된 주문이 아니다. 자포자기도 아니고 임시방편의 모면도 아니다. 삶에 대한 체념은 더더욱 아니다. 이 문장을 되뇌이면 고통을 받아들일 수 있는 여유를 생성한다. 통찰이 빚어낸 가치 있는 인생 바로 보기이다.

삶에 불만이 엄습할 때 내면에서는 행복할 이유와 단서를 찾아야 한다. 작고 소소한 것이라도 많이 찾아보자. 불만과 고통의 소용돌이에 속에서도 행복할 근거가 된다. 그 행복 하나가 고난을 이길 힘을 준다. 고통을 넘을 수 있는 에너지를 만든다. 미래를 걱정하며 꽃이 질까 염려하지 말고 눈앞에 핀 꽃을 보고 행복하라.

03

사랑은 대가 없이 행복을 불러온다

'사랑'이라는 단어는 '행복'의 의미만큼 추상적이다. 그 가치를 돈으로 환산할 수 없고 대체할 만한 물건이나 사물이 존재하지 않는다는 점에서도 비슷하다.

사랑과 행복은 불가분의 관계이다. 사랑이 바탕이 되어야 행복이 움튼다고 역설하는 이도 있다. 사랑을 불태우는 젊은 남녀는 어떤가? 사랑이 상대의 상처를 아물게 하고 치유한다. 하지만 요즘은 사랑에 앞서 조건이 우선하는 경향이 있다. 특히 이성을 소개받을 때는 성격이나 인품보다 그의 직업, 연봉, 재산의 정도를 먼저 확인한다. 물론 그 조건들은 그가 얼마나 성실하게 사회를 살았고 살아가고 있는지 보여주는 잣대가 되기도 하지만 너무나

편중된 사실 확인에 당황스러울 때도 있다.

'부처와 돌의 대화'라는 이야기에 잘 나타난다.

"제가 사랑하는 사람과 결혼해야 할까요? 저를 사랑해주는 사람과 결혼해야 할까요?"

돌의 물음에 부처가 웃으며 대답했다.

"답은 이미 자네 마음에 있다네. 사랑해서 어떤 고통도 이겨내게 하고, 삶의 충만함을 느끼게 하고, 가슴을 펴고 앞으로 나아가게 한 사람은 자네가 사랑하는 사람인가 아니면 자네를 사랑하는 사람인가?"

돌은 고개를 갸우뚱했다.

"친구들은 저를 사랑하는 사람과 결혼하라고 합니다."

"그런 사람과 결혼한다면, 자네는 한평생 아무것도 이루지 못할 거네. 자네를 사랑하는 사람은 그 사랑을 계속 유지하기 위해 자신을 완벽하게 가꾸는 것에만 신경 쓸 거네. 그런데 만약 자네가 그 사랑에 무관심해진다면 스스로 가꾸는 일도 그만두겠지."

돌은 부처가 말하고 있는데 끼어들며 물었다.

"그럼 제가 사랑하는 사람과 결혼을 하면요? 그땐 완벽해질 노력을 하지 않을 수도…."

"자네가 그녀를 사랑한다면, 그녀가 즐겁고 행복하게 사는 것을 보고 싶어 할 거네. 그래서 자네와 그녀의 삶이 더욱 행복하고 즐거워지도록 끊임없이 노력하게 되겠지. 행복과 기쁨에는 한계가 없다네. 자네의 노력도 멈추지 않고 계속될 거네."

"그럼 제 인생이 너무 힘들지 않을까요?"

"지금까지 사는 동안 스스로 힘들다고 생각했는가?"

돌은 고개를 가로저으며 웃었다.

"그런데 저를 사랑해주는 사람에게 잘해줄 필요가 있을까요?"

"자네는 사랑하는 사람이 자네에게 잘해주길 바라는가?"

"꼭 그렇지 않아도 될 것 같아요. 사랑에 대한 제 기준은 꽤 높아요. 저는 사랑 안에 어떤 동정심이나 연민이 들어가지 않았으면 좋겠어요. 제가 원하는 것은 그녀가 저를 진심으로 사랑하는 겁니다. 동정과 연민, 관용과 인내도 사랑의 일부라고 생각해요. 이것들은 사람을 행복하게 하긴 하지만 사실 제가 정말 싫어하는 것이기도 해요. 만약 그녀가 그런 감정들이 섞인 마음으로 저를 사랑한다면, 차라리 제가 마음을 정리하고 바로 거절하는 게 나아요. 감정은 계속 깊이 빠져들 수밖에 없고 절망은 희망보다 더 실제적이기 때문이에요. 절망이 주는 아픔은 찰나지만, 희망을 품고 있는 상태에서 거절당할 때의 아픔은 끝이 없을 거 같아요."

"자네는 이미 답을 찾았군."

"하지만 이 시대에 사람을 사랑하는 것에 가치가 있을까요?"

"길은 스스로 선택하는 거라네. 하늘이나 다른 사람을 탓할 필요가 없네. 사랑에 대해서는 원망할 필요도 후회할 필요도 없다네."

당신도 사랑이 어려운가? 아니면 사랑이 겁나는가? 마음에 싹트는 사랑으로 행복을 찾아 나서면 험난한 길도 힘들게 느껴지지 않는다. 사랑에는 그런 힘이 있다. 어떤 대가도 바라지 않고 자신의 것을 내어준다. 이것이야말로 세상에서 가장 존귀한 감정이다.

04

사랑을 주고받을 때 행복은 부풀어 오른다

누군가를 위하는 마음은 사랑이다. 자신을 생각하기 이전에 상대를 배려하고 아끼는 감정이다. 스승이 제자를, 아내가 남편을, 남편이 아내를, 선배가 후배를, 부모가 자녀를 아끼는 경우 등 우리 주변에는 사랑을 실천하는 사람이 많다. 그들은 사랑을 주고 행복을 얻는다.

사랑은 매우 순수하고 행복과 매우 가까운 곳에 있다. 마음을 조금만 기울인다면 주변에 아주 많은 아름다운 일과 귀한 인연의 사람을 발견할 수 있다. 누군가를 좋아하거나, 기억하고 그리워하는 것, 관심을 가지고 도와주는 것은 모두 사랑에 속한다. 이 사랑은 우리가 행복을 찾아가는 과정에서 중추 역할을 한다. 그러나 삶은 현실이다. 살아가며 진실한 사랑을 잃어버리게 된다. 사랑은 행복을 느끼는 것에 중요한 역할을 한다. 힘듦도 가벼워지고, 어려움도 어렵지 않게 넘길 수 있다. 사랑을 통해 마음이 따뜻해진다.

홀로 아이를 키우는 아빠가 있었다. 하루는 급히 고객을 만나야 해서 아침도 먹지 못한 채 아이를 혼자 두고 바쁘게 집을 나섰다. 저녁에 돌아오니 아이는 깊이 잠들어 있었다. 하루 종일 업무에 시달린 탓에 기운이 하나도 없었다. 그대로 침대에 누웠는데 이불 밑에 라면이 엎어져 있었다. 매우 화가 난 그는 곤히 잠든 아이의 엉덩이를 세게 때리며 소리쳤다.

"왜 이런 장난을 하는 거야."

아내가 세상을 떠난 후 처음으로 아이를 혼낸 것이다. 아이는 훌쩍이며 장난친 게 아니라면서 말했다.

"아빠가 밥을 못 먹었으니까 먹고 자라고 넣어둔 거야."

아이는 아빠가 집에 오는 시간에 맞춰 라면을 끓였고 식을까 봐 이불로 덮어두었던 것이다. 아빠는 아이를 그냥 꼭 안아주었다.

사랑과 행복은 엎어진 라면 속에 있었다. 아빠를 생각하는 아이의 마음이 그 안에 담겨 있다. 아빠를 향한 아이의 사랑이 느껴지지 않는가? 평소 아이가 아빠에게 사랑받지 못했다면 이런 사랑을 실행하기는 어렵다. 사랑은 상대에게 전달되며 그 위력이 강해진다. 마음을 흔들고 감정을 흔든다. 그가 다른 사람을 사랑할 수밖에 없도록 만들며 상호 간의 행복을 유발한다.

다른 사람이 자신을 위한다는 느낌을 받은 적이 있는가? 등을 토닥여주는 손길, 응원을 보내는 웃음, 따뜻한 격려, 사랑한다는 고백, 그리고 고마움을 전하는 말 등 눈을 감고 그때의 감동을 고스란히 되살려보자. 각박한 삶에 한 줄기 생명수 같은 힘을 가진 신선함이 전해질 것이다.

하루 종일 정신없이 바빠서 주변의 사랑하는 사람들을 잊지는 않았는가? 혹시 오랫동안 아이의 공부를 봐주거나 놀아주지 않은 것은 아닌가? 오랫동안 부모님의 안부를 묻지 않은 것은 아닌가? 혹시 오랫동안 친구와 만나지 못했던 것은 아닌가?

한가하게 그럴 시간이 어디 있냐고 따지지 마라. 상대도 연락하지 않는데 왜 먼저 해야 하느냐고 불평하지도 마라. 앞서 이야기했지만 사랑을 전하는 사람이 더 큰 행복함을 느낀다. 바쁜 일상에서 반가운 전화나 안부를 묻는 문자가 얼마나 힘이 되는지 경험해보지 않았는가? 그 사랑을 전하고 벅찬 행복을 얻을 기회다.

만약 오랫동안 주변 사람에게 소홀했다면 지금부터라도 하나하나 실천해보자. 사랑하는 사람을 껴안아보고, 아이와 함께 어울리고, 부모님께 안부를 묻고, 친구와 많이 소통해보라. 상대가 행복해하는 모습에서 자신도 행복해지는 것을 느끼게 된다. 이것이 바로 감정이 가진 신비로운 힘이고, 돈으로는 절대 살 수 없는 것이다.

아이러니하지만 당신이 가진 사랑을 나누고 전할수록 더 큰 사랑으로 되돌아온다. 신뢰와 응원, 유대감까지 함께 찾아온다. 당신은 그저 관심을 표했을 뿐이라고 겸손해하지만 사랑을 받은 이는 세상을 살아갈 힘을 얻는다. 사랑은 발아되는 순간 기쁨과 행복이라는 열매를 맺는다는 진리를 기억하자.

05

주어진 시간을 일에 모두 쓰지 마라

기쁨은 행복할 때 느끼는 감정으로 만족에서 오는 희열이다. 고통은 불행할 때 느끼는 감정이며 불만족스러운 기분이다. 자신이 정한 기준점에 따라 기쁨과 고통이 나뉘듯 행복과 불행도 나뉜다. 진주반지에 감격하는 사람이 있고, 1캐럿 다이아몬드반지가 작다고 불평하는 사람도 있는 것을 보면 그 기준점이 개인마다 다르다는 것도 알 수 있다.

정신적인 부분에서도 마찬가지다. 누구는 사랑하니까 행복하고 누군가는 사랑받아야만 행복을 느낀다. 그렇다면 그 행복의 기준점을 어떻게 설정해야 할까? 무조건 기준을 낮추어 모든 일에 기뻐하면 좋은 것일까?

한 회사원이 이사를 했는데 옆집에 히피족이 살았다. 회사원이 볼 때 히피족의 생활 방식을 도통 이해할 수 없었다. 아침 출근 시간에도 히피족은 그때까지 자고 있었고, 정말 한심한 사람으로 보였다. 점심에 잠깐 집에 들렀을 때 보니 히피족은 문 앞 햇볕 아래에서 기타를 치고 있었다. 회사원은 혀를 끌끌 차며 중얼거렸다.

'돈은 언제 벌 심산일까?'

저녁이 되자 히피족의 집에는 친구들로 꽉 들어찼다. 모두 술을 마시며 얘기하고 있었다. 그는 회사 업무 때문에 지칠 대로 지쳐 있었지만 그 모습이 그리 좋아 보이지 않았다.

'참 한심한 인생들이야. 이렇게 치열한 경쟁 사회에서 어떻게 살아남으려고.'

몇 달이 흘렀지만 회사원과 히피족 간에는 어떤 교류도 없었다. 그저 마주치면 고개를 숙이는 게 다였다. 그날도 회사원은 출근을 위해 집을 나섰다. 그런데 갑자기 히피족이 문을 열며 나오더니 "좋은 아침이에요!"라고 했다.

"좋은 아침입니다!"

그도 인사했다. 웃음으로 인사를 받은 히피족이 말을 이었다.

"당신은 매일 아침 바쁜 것 같아요!"

"맞습니다."

"당신은 일을 정말 잘할 것 같아요!"

"그럭저럭 괜찮지요."

회사원은 자랑스러워하며 답했다.

"돈도 많이 벌지요?"

회사원은 이때다 싶었다. 히피족 보란 듯이 자기 자랑을 했다.

"남부럽지 않게 벌지요. 늘 열심히 사니까요."

그는 히피족이 부러워할 줄 알았다. 그런데 히피족은 예상 밖의 말을 건넸다.

"간혹 당신의 삶이 의미 없다고 생각하진 않나요?"

그 물음을 들은 날부터 '내 삶의 의미는 무엇인가?'를 생각하느라 회사원은 잠을 이루지 못했다.

행복에는 여러 모양이 있다. 다른 사람이 보기에 아무 의미가 없어 보이는 것도 당사자에게는 남다른 의미일 수 있다. 그것을 타인이 왈가왈부해서는 안 된다. 행복의 기준은 자신이 정하는 것이다. 그 지점에서 만족과 기쁨이 생성되고 자기 가치관을 반영하여 삶의 의미를 더하는 기준점을 마련한다.

서양에는 "그저 먹고 자는 삶은 돼지의 삶과 다를 바가 없다. 거기에 노는 걸 더한다고 인생이 되겠는가?"라는 말이 있다. 원초적인 것의 갈구는 사람이나 동물이나 다 같다. 오직 사람만이 정신적 행복을 경험할 수 있다는 의미이다. 스스로 만족할 만큼 일하고 성취감을 얻기까지 노력하라. 그리고 그것을 나누고 즐기자. 인생의 핵심이 여기에 있다. 그저 쌓기만 하는 일에 매력을 느낄 자는 아무도 없다. 자기 경험에서 비롯된 사고와 관점에 기쁨과 삶의 의미, 행복의 기준을 마련하자. 사는 즐거움과 보람을 거기서 끌어내야 한다. 타인이 정한 기준에 맞추기보다 자신만의 기준으로 살아갈 때 행복이 더 크게 다가온다.

06

가장 단순한 것에서 기쁨을 찾아라

미시간 홉대학 심리학 교수 데이비드 마이어스는 “좋아하는 친구와 가까이 지내며 긴밀하고 평등한 관계를 유지하는 것처럼 행복한 일은 없다.”라고 했다. 사람이 사람에게 전하는 친밀감이나 유대감이 행복의 조건에 필수적이라는 의미로 해석된다. 서로 그리워하고 걱정해주는 일, 흉허물없이 고민을 말하고 들어주는 일, 이해타산을 따지지 않고 돕는 일, 늘 믿고 지지해주는 일을 해내는 관계에서 행복이 움튼다는 사실이다.

장 사장은 투자 문제를 협상하기 위해 협력 회사를 방문했다. 두 시간이 지나도록 팽팽한 신경전만 계속되었다. 그때 40대로 보이는 사람이 들어왔다. 지치고 남루한 행색이었다. 들어오고 나서도 계속 머뭇거리며 쭈뼛거렸다. 협력 회사 대표는 짜증난 목소리로 무슨 일이냐고 물었다.

"돈을 빌리러 왔습니다."

대표는 눈살을 찌푸렸다.

"며칠이나 일했다고 무슨 돈을 빌린다는 거죠? 지금 바쁜 거 안 보입니까? 며칠 뒤에 다시 오세요."

"아니 저…. 오늘 제 아내와 아이가…."

"내일 오라니까!"

회사 대표는 그의 말을 끊어버렸다. 그 사람은 난감한 표정으로 이마의 땀을 훔쳤다.

장 사장은 그에게 무슨 사연이 있는 것을 알아챘다.

"대표님, 오늘 당장 필요한 돈인가 봅니다. 내일은 의미가 없을지도 모르죠."

대표가 마지못해 얼마가 필요하냐고 물었다. 200위안이라고 하자 그는 못마땅한 얼굴로 돈을 건넸다.

장 사장이 협상을 마치고 협력 회사를 나와 저녁을 먹으러 한 식당에 들어갔다. 문을 열고 들어서자 아까 돈을 빌린 남자가 가족과 함께 앉아 있었다. 여전히 낡은 옷을 입고 있었지만 얼굴은 매우 밝았다. 부부는 아들의 그릇에 계속해서 고기를 올려주었다.

그러자 아들은 고기를 엄마 그릇으로 옮겼고, 아내는 또 남편 그릇으로 옮겼다. 서로를 위하는 마음이 눈빛에서 읽히고 대화로 들렸다. 그들이 전하는 행복의 빛과 소리가 수없이 오갔다. 알고 보니 오늘이 아내의 생일이었고 외식을 약속했는데 그럴 만한 여유가 없었던 것이다.

장 사장은 그들의 모습에 감탄했다.

"행복이 어디에 머무는지 보이는군. 200위안이 저리 크게 쓰일 줄이야."

관계 속에서 피어나는 행복은 매우 간단하다. 나보다 상대를 위하는 마음으로 다가가면 된다. 자신으로 인해 상대가 기뻐하는 모습을 보는 것처럼 흐뭇한 일은 없다.

가까이서 관찰하고 상대가 무엇을 원하는지 세심하게 들여다보면 자신이 상대를 위해 해줄 일들이 보인다. 어느 순간에는 따뜻한 말 한 마디일 수 있고, 또 어느 때는 식사를 챙기라는 문자 한 통일 수 있다. 함께 있어 주어야 하는 순간일 수도 있고, 손을 잡아주어야 하는 찰나일 수도 있다. 자기 일에만 집중하느라 그 기회나 시점을 놓친다면 평생 후회로 남을 수 있다.

행복하기 위해 어떤 일을 계획하고 갈구하는 데도 불구하고 선뜻 못 하는 이유를 찾아보자. 일하느라 바빠서 시간 내기 어렵다, 일에 집중하느라 다른 생각할 틈이 없다, 다른 사람까지 챙길 여유가 없다는 등의 핑계를 대려고 하면 산더미처럼 쌓인다. 이것들이 가장 소중하게 생각하는 사람을 대신할 만한 일인지 판단해야 한다. 사람을 잃고 얻는 돈이나 지위, 권위나 권력은 그 의미를 상실한다.

지금 자신 곁에 있는 가장 단순한 행복을 찾아라. 시간을 함께 보내고 그와 눈을 마주치며 대화를 나누자. 함께 즐거운 일을 하고 서로에게 의미 있는 일을 함께하라. 몇 배의 기쁨과 의미를 당신의 삶에서 찾을 수 있다. 이것이 진정한 행복이다. 그때 우리가 느낄 행복은 이기적이고 볼품없는 약간의 기쁨이 아니라 마음 깊이 울리는 행복이다.

07

자신에게 괜찮다는 위로를 건네라

누구나 만족스런 삶을 추구한다. 그런데 몇 퍼센트의 사람이 현재 만족스럽고 즐거운 삶을 살고 있다고 말할 수 있을까? 우리가 거의 매일 듣는 소리는 일이 힘들다, 월급이 적다, 애인이 잘해주지 않는다, 마음대로 되지 않아 스트레스 받는다, 세상이 불공평하다는 불평들이다. 그럼 어떤 이들이 자기 삶에 만족할까?

돈 걱정 없는 백만장자, 인기 많은 스타, 인지도 높은 정치인, 저명 아티스트 등 우리가 부러워하는 대상이자 선망하는 그들을 손꼽기에 주저함이 없다. 그러나 이들에게 물어보면 자신의 부와 명예, 인기는 모래성 같은 것이라고 한결같이 입을 모은다. 만족보다는 언제 무너질지 모르는 불안한 마음으로 산다는 것이다. 그들은 해맑게 웃고 뛰노는 아이들이나 열매 맺은 나무를 보는 농부가 진짜 만족하는 삶을 살 거라고 추측했다. 이런 걸 보면 만족스런 삶은 타인의 눈으로 볼 때만 가능해지는 것 같다.

한 교사의 고등학교 1학년 때의 이야기다.

학교에서 봄 소풍으로 등산을 가기로 했다. 당시 집안 사정이 매우 좋지 않아서 신발은 발가락이 보일 정도로 낡아 있었다. 다른 친구들이 신고 온 새 신발을 볼 때마다 그녀는 열등감을 느꼈다. 꽃이 피는 아름다운 계절인 봄소풍의 들뜸으로 친구들은 웃음이 끊이지 않았으나 그녀는 우울할 뿐이었다. 아름다운 풍경도 눈에 들어오지 않았다. 가난한 집에 태어나서 제대로 된 운동화 한 켤레도 못 사주는 부모를 원망했다. 생각할수록 마음이 혼란스럽고 자존감은 바닥에 떨어졌다. 그녀는 조용히 눈물을 훔쳤다.

산을 얼마쯤 올랐을 때 그녀는 산 정상을 향해 가는 한 사람을 보았다. 두 다리가 없는 그는 온몸에서 땀이 비 오듯 쏟아지는 데도 산을 오른다는 기쁨으로 얼굴에 웃음이 만연했다. 그 모습을 본 그녀는 매우 부끄러웠다. 건강한 두 발을 갖고서도 새 신발이 없다고 기가 죽은 자신이 못나 보였던 것이다. 그녀는 씩씩하게 산 정상을 향해 걸어가기 시작했다. 발걸음이 훨씬 가볍고 당당했다. 그 이후로 그녀는 자족하는 것을 배웠고 생활에서 기쁨도 얻었다.

단순한 일에 다양한 이치를 담아내야 한다. 하나에 집중하면 다른 요소들이 수면 아래로 가라앉는다. 자신의 눈에는 문제만 보이게 된다. 잘 다스리고 문제를 소멸시켜야 하지만 그 문제가 가져오는 자괴감, 자신감 상실, 우울, 좌절이 마음을 점령해 이성을 잃게 한다. 문제를 점점 키우는 결과를 초래하는 것이다.

열악한 환경에서도 아직 괜찮다는 위안이 만족스런 삶의 전제조건이다. 그 괜찮은 부분에서 긍정의 심리가 싹 튼다. 어떻게 슬픔을 이겨낼지 알고, 슬픔 때문에 상처를 받지 않도록 돕는다. 진정한 행복을 얻고 싶다면 반드시 슬픔과 시험, 우여곡절에도 살아있다는 사실에 진정한 기쁨을 느껴야 한다.

조지 버나드 쇼George Bernard Shaw는 "우리가 불행하다고 생각하면 영원히 불행하다."라고 풍자했다. 힘겹게 만족스런 삶을 좇고 있다면 먼저 자기 위안이 동반되어야 한다는 사실을 기억하자. 자신의 상황이 더 열악한 경우보다 낫다고 믿어라. 세상이 아름답고 삶이 아름답다는 것을 깨닫게 될 것이다. 이것이 만족스런 삶의 출발선이다.

자신의 재산을 다른 사람과 나눌 수 있는가? 자신이 가진 귀중한 물건을 다른 사람에게 나눠줄 수 있는가? 다른 사람이 기뻐하는 것을 보며 자신도 기뻐할 수 있는가? 보기엔 간단해보이지만 실제로 이행하기란 매우 어렵고 불가능에 가깝다.

물론 어렵고 힘든 일을 자처해서 하며 기쁨을 찾는 이도 있다. 선행을 실천하며 봉사를 삶의 지표로 삼는 사람들이다. 그들은 우리가 본받을 만하다. 하지만 당신에게 이런 삶을 살라고 강요하고 싶지는 않다. 그런 일은 운명이나 숙명처럼 받아들여야 기쁨이 된다. 다만 자신에게 만큼은 괜찮다고 다독여주고, 좋은 것도 선뜻 선물하고, 작은 성취에도 수고했다고 격려하며 선의를 베풀어라. 행복의 자족은 삶의 만족을 선물로 준다.

08

자신을 신뢰하면 타인의 신뢰가 따라온다

소년은 어떻게 살아야 할지 갈피를 잡고 싶었다. 다른 사람에게 인정받는 삶이 그가 원하는 삶이었다. 소년은 이름난 현자를 방문했다.

"다른 사람을 기쁘게 해주는 비결이 있나요?"

"소년이여, 네 나이에 그런 원함을 갖고 있다니 정말 보기 드문 일이로다. 그동안 나를 찾아온 사람들의 질문을 들으면 바로 그 사람이 어떤 사람인지 알 수 있었다. 그들은 아무리 많은 설명을 들어도 진짜 중요한 이치를 깨닫지 못했다."

소년은 현자의 말에 집중했다.

"내가 너에게 네 가지를 알려주겠다. 첫째는 자기 자신을 다른 사람으로 여겨라. 너는 이 말의 뜻을 알겠느냐?"

소년은 진지하게 답했다.

"제가 고통이나 슬픔을 느낄 때 저를 다른 사람으로 여기면 고통이 자연스레 없어지는 걸 뜻하고, 또 제가 기뻐서 날뛸 때도 다른 사람으로 여기면 그 마음이 금방 평온해진다는 얘기인가요?"

현자는 고개를 끄덕였다.

"두 번째는 다른 사람을 자기 자신으로 여겨라."

소년은 잠시 고민했다.

"다른 사람의 입장에 서면 진심으로 그의 불행을 함께 느끼고, 필요를 이해하며, 적절하게 도와줄 수 있다는 말인가요?"

현자는 소년의 총명함에 눈을 반짝였다.

"세 번째는 다른 사람을 다른 사람으로 여겨라."

"이 말의 뜻은 각 사람의 독립성을 존중하고 어떤 상황에서도 다른 사람의 영역을 침범해서는 안 된다는 것인가요?"

현자는 크게 웃었다.

"아주 좋구나. 가르치는 보람이 있는 아이로다. 네 번째는 자신을 자신으로 여기라는 것이다. 이 말은 쉽게 이해하기에 어려우니 천천히 그 뜻을 곱씹어 보아라."

소년은 곰곰이 생각한 뒤 말했다.

"말의 의미를 바로 깨닫기 어렵습니다. 하지만 알려주신 네 가지 말씀은 듣기에 서로 모순되는 부분이 많은 것 같습니다. 어떻게 하면 하나로 통일시킬 수 있을까요?"

"그건 매우 쉽단다. 시간과 힘을 들이면 그렇게 될 수 있단다."

소년은 머리를 조아려 인사하고 떠났다. 소년은 모순 속에 진리가 있다고 믿었다. 매일 수행하는 기분으로 '자신을 다른 사람으로 여겨라, 다른 사람을 자신으로 여겨라, 다른 사람을 다른 사람으로 여겨라, 자신을 자신으로 여겨라.'고 되뇌였다. 노여움이 이는 곳에서는 다른 사람을 자신으로 여겼다. 기쁨의 순간에 오만함이 찾아들면 자신을 다른 사람으로 여기며 자신을 내세우기보다 낮추며 타인을 존중했다.

시간이 흘러 소년은 청년을 지나 노인이 되었다. 그가 세상을 떠난 뒤에도 사람들은 종종 그에 대해 얘기하곤 했다. 그는 기뻐할 줄 아는 사람이었으며, 그를 만난 모든 사람에게 기쁨을 주는 사람이었기 때문이다.

기쁨과 선한 생각은 사람의 몸과 마음을 편안하게 하며 살수록 더 젊어지게 만든다. 기쁨을 얻는 방법도 다 다르다. 열정, 바람, 삶의 경험, 성격까지도 우리가 기쁨을 느끼는 방법에 영향을 미친다. 어떤 사람은 일하며 기쁨을 느끼고, 누군가는 결혼이나 친밀한 관계 속에서 자신의 기쁨을 찾는다. 기쁨을 얻는 길이 무엇이든 기쁨은 육체적·정신적으로 건강하게 만들고 긍정적으로 삶을 대하게 한다.

욕망에 영혼을 속박당하지 말고 진정한 자신으로 만족하는 삶을 살아라. 만약 우리가 기쁘게 살아간다면, 삶도 우리에게 똑같은 기쁨, 심지어 더 많은 기쁨을 줄 것이다. 그 기쁨을 나누고 주변 사람에게 전달하는 것도 잊지 말자. 상대가 만족스럽고 행복한 삶을 살게 되면 그 효과가 당신에게 되돌아온다. 굳건한 신뢰와 애정이다.

09

긍정의 정서는 부정적 정서의 방패막이가 된다

《행복 시크릿》의 주제는 '긍정적인 정서 경험이 행복의 필요 충분 조건'이다. 많은 사람이 힘겹게 행복을 찾지만 결국 찾지 못해 포기한다. 그래서인지 하버드대학의 '행복 수업'은 매우 인기가 높다. 공개수업에는 각계각층의 사람이 몰려든다. 행복에 관한 커리큘럼에서 행복의 단서를 찾고자 하는 것이다.

행복은 인생을 평가하는 유일한 기준이며 삶의 최종 목표이다. 행복한 사람은 삶의 모든 방면에서 성공한다. 결혼, 우정, 소득, 사업, 건강까지 충분히 만족스럽다. 그래서 모든 사람은 남보다 더 성공해서 행복하려고 한다.

팀은 아무 걱정 없는 아이였다. 하지만 초등학교에 입학하면서부터 그의 바쁘고 분주한 인생의 막이 올랐다. 부모님과 선생님은 계속해서 공부의 목적은 좋은 성적을 받기 위한 것이고, 그래야 성인이 되면 좋은 직장에 들어갈 수 있다고 훈계했다.

학교는 기쁨을 얻는 곳이고 공부는 사람을 기쁘게 할 수 있는 일이라고 말해주는 사람은 없었다. 팀은 시험을 잘못 볼까 봐, 글쓰기 시험에서 글자를 잘못 쓸까 봐 항상 걱정했다. 언제나 불안과 스트레스를 짊어지고 다녔다. 그가 매일 바라는 것은 학교 수업이 빨리 끝나는 것과 방학이 되기를 기다리는 일이었다.

팀은 어른들의 가치관을 받아들였다. 학교가 싫었지만 공부는 열심히 했다. 성적이 잘 나오면 부모님과 선생님은 칭찬했고, 같은 반 친구들도 부러워했다. 대학 입학 통지서를 받았을 때 팀은 '이제야 즐겁게 살 수 있겠다!'라고 생각하며 감격해서 눈물을 흘렸다.

하지만 얼마 지나지 않아 익숙한 걱정과 불안이 다시 그를 덮쳐왔다. 대학 친구들과의 경쟁에서 이기지 못할까 봐 불안해했다. 그들을 이기지 못하면 좋은 직장에 들어가지 못한다고 생각하니 같은 강의를 듣는 친구들이 모두 적이 되었다.

4년의 대학 생활 동안 팀은 무척 바쁘게 지냈다. 이력서에 스펙을 한 줄이라도 더 적기 위해 노력했다. 그는 학생회에 들어가서 임원을 했고, 많은 운동 경기에 참석했고, 수업도 다 따져가며 선택했다. 그가 수업을 선택하는 기준은 흥미가 아니라 좋은 성적을 받을 수 있는지였다. 그 결과 팀은 졸업도 하기 전에 대기업에 들어갔다. 그는 신이 나서 '이제야 삶을 누릴 수있겠구나.'라고 생각했다.

하지만 그는 매주 84시간을 근무하고 고임금을 보장해주는 회사가 그만큼 업무 스트레스 또한 가득하다는 것을 깨달았다. 그는 업무가 힘에 부치고 질책을 받을 때마다 '괜찮아, 이렇게 해야 빠르게 승진할 수 있을 거야.'라고 자신을 다독였다.

그러면서도 기쁜 순간은 있었다. 월급이 오르고 보너스를 받거나 승진할 때면 무척 기뻤다. 하지만 이런 만족감은 하루도 가지 못하고 사라졌다. 오랜 분투 끝에 팀은 그룹 임원이 되었다. 호화로운 주택과 명품 스포츠카를 소유했고, 그의 통장 잔고는 일평생 다 쓰지 못할 정도였다. 팀은 주변 사람의 롤모델이 되었다. 친구들은 그를 치켜세우고 아이들의 존경도 받았다.

하지만 원하던 바를 모두 이루고 난 팀은 허무했고 기대보다 행복하지도 않았다. 그는 술과 유흥으로 허전함을 채우기 시작했다. 그것도 처음에는 매우 즐거웠지만 얼마 지나지 않아 또다시 권태로움을 느꼈다.

인생은 매우 길다. 원하는 바를 달성하더라도 매일 행복하다고 보장할 수 없다. 실패와 상실, 슬픔과 우울을 피할 수 없는 것이다. 긍정적인 정서만이 이를 막아주고 차단해주는 작용을 한다. **우리 인생은 여행과 같아서 낯선 곳에서 길을 잃기도 하고 끝없이 펼쳐진 아름다운 풍경이 펼쳐진 광경을 보기도 한다. 덕분에 우리는 걱정과 절망, 불행과 어두움을 대하는 법을 배운다.** 삶에 기대를 거는 이유이다.

10

삶이란 바람을 타고 파도를 넘는 과정이다

의욕적으로 도전한 일에 실패하면 자신감을 잃고 자기 비하에 빠지기도 한다. 기대가 높았다면 실망의 늪에서 빠져나오지 못하고 심각한 위축증상을 겪는다. 엄습하는 우울로 삶의 희망을 잃는다. 이런 위기에 빠진 이들에게 알려주고 싶은 성공 비결은 단 하나 "실패 속에서 배우라."이다. 역사적으로 성공한 사람 중에 실패를 경험하지 않은 사람은 드물다. 실패에 직면했다면 관대한 마음을 가져라. 그리고 실패를 통해 배운 점을 떠올려라. 성공으로 가는 포인트를 찾게 될 것이다.

성공하고 싶다면 긍정적 자기암시의 유지가 중요하다. 성공은 실패한 경험보다 관대한 마음을 잃어버리는 정신력을 용납하지 않는다. 긍정적인 정서로 사람이나 일을 대하면 부정적인 정서로 대할 때보다 더 아름다운 결과를 얻게 된다.

딕은 우편배달부이다. 자신의 사명은 다른 사람에게 기쁨을 전달하는 일이라고 굳게 믿었다. 그는 편지나 소포를 건넬 때 격려의 말이 적힌 작은 쪽지도 같이 주었다. 쪽지에는 "좋은 하루 되세요, 웃으면 복이 와요, 다 잘 될 거예요."라는 말들이 적혀 있었다. 이는 딕이 직접 겪은 경험에서 비롯된 실천이었다.

2차 세계대전 당시 딕은 야전 병원에서 자원봉사자로 일했다. 의사를 도와 죽음에 처한 사람을 구하고 아픈 사람을 치료했다.

어느 날 딕은 병원 벽에 "아무도 여기서 죽지 않습니다."라는 문구를 썼다. 이 문구는 모두의 관심을 받았다. 어떤 이는 희망을 주는 말이라고 했고 다른 이는 어처구니없는 말이라고 했다. 하지만 문제가 될 게 없어서 지우지 않았다. 그렇게 문구는 벽에 그대로 남게 되었고 이후에 부상자는 물론이고 의사와 간호사, 자원봉사자까지도 이 말이 기억 속에 남았다. 부상자들은 이 말대로 자신이 죽지 않는다는 희망을 품었다. 의사와 간호사, 자원봉사자도 이 말을 지키기 위해 수술과 치료, 간병에 최선을 다했다. 2차 세계대전이 끝난 후 통계를 보니 이 병원의 사망률이 가장 낮았다.

때때로 기적을 만들어내는 것은 거인이 아니라 바보 같은 한 마디의 말일 수 있다. 딕이 쓴 문구를 보고 부상병들에게 괜한 희망 불어넣는다고 지워버렸다면 생사를 넘나드는 상황에서 나을 수 있다는 희망과 기필코 나아야 한다는 의지를 품지 못했을 것이다.

그 결과는 불 보듯 뻔하다. 치료는 고통스럽고 치료 과정은 견디기 힘들다. 의사나 간호사를 불신하고 불평과 불만을 쏟아내게 된다. 긍정적인 사고로 전환할 기회를 잡지 못하고 삶을 비관적으로 바라보게 된다. 그들에게는 약도 수술도 치료도 제 효능을 발휘하기 어렵다.

현실의 환경이 자기 행복에 영향을 미친다는 것은 부인할 수 없다. 하지만 어떠한 상황에서도 긍정적 정서는 행복의 필요 충분조건이다. 안타깝게도 우리는 바람 타고 파도를 넘어야 성공의 빛을 본다. 고난과 시련이 없는 성공은 언제 꺼질지 모르는 풍전등화다. 바람을 이긴 자만이 살아남는 법을 알고, 파도를 넘어봐야 파도를 이길 힘을 기른다.

긍정적인 정서로 이 세계를 감상하고, 비바람을 즐기고 햇빛을 즐기는 법을 배우자. 침착하게 인생을 대할 때 길이 열린다. 낙관적인 마음을 유지한다면 삶은 그에 따른 보상으로 아름다운 삶의 경관을 당신 앞에 펼쳐 보인다.

성공의 길만 걷는 사람은 없다. 마찬가지로 실패의 길만 답습하는 사람도 없다. 그러니 타인을 보며 자신과 비교하지 마라. 그들의 행복에 자신을 비하하지 말고 비관에 빠져서도 안 된다. 그들은 보이지 않는 면에서 당신보다 처절하게 고통스러울지 모른다. 아니면 더 괴로운 상황을 이겨내고 승리한 것이다.

실패는 두려움의 대상이 아니고 성공 확률을 높이는 유일한 방법이다. 자, 이제 안심이 되는가. 그렇다면 자기 긍정을 마음에 품고 재도전의 첫발을 내밀어라. 이전의 실패가 당신을 강하게 만들었고 도약하게 도울 것이다. 더 높이 뛰는 비약을 체험할 기회다.

11

상상력은 행복의 투명 날개다

사람에게는 몸을 구성하는 세포만큼이나 많은 개인적 경험이 있다. 자기가 살아낸 시간 동안 겪어낸 많은 일들, 생각, 오감을 통해 입력된 자료들은 각자가 가지고 있는 자산이다. 선생님, 의사, 화가, 경찰, 소방관, 판사, 검사, 과학자, 작가, 회사원, 사진작가, 농부나 어부 등 각자 하는 일에서 체득된 경험은 백과사전의 지식에 비할 바가 못 된다. 그러기에 어느 한 부분에서 대단한 권위를 가지고 있다고 하더라도 다른 이를 무시해서는 안 된다. 그도 자신이 살아온 경험에서 축적된 지식과 지혜가 남다를 것이기 때문이다.

이제 일상에 지친 자신에게 신선함을 전할 일을 만들어보자. 먹어보지 않은 음식 먹어보기, 걸어서 여행하기, 그곳에서 낯선 사람과 대화 나누기, 생소한 음악 듣기, 관심 있는 가게에 들어가 주인하고 얘기하기, 아니면 다양한 취미활동도 좋다.

이런 게 경험이 될 수 있냐고 반문하는 사람도 있는데 경험의 효과를 잘 모르는 사람이다. 작고 소소한 경험들이 발상을 전환시키고 호기심을 자극할 뿐만 아니라 관찰력과 상상력을 높여 문제해결 능력을 키운다. 더 극적인 효과는 자기 마음에 깃드는 뿌듯함이다.

새로운 일을 시도할 때는 누구나 설레고 기대도 품는다. 처음 해보는 일에 겁도 나겠지만 익숙하고 타성이 되어버린 삶에 즐거움이 더해질 것이다. 어딘지 모르게 부족했던 행복감이 충족되는 느낌을 받을 수 있다.

삶에서 어떠한 의미이든 경험은 긍정적인 환상으로 가득 차게 만든다. 무궁무진한 힘이 나오고 창조적인 영감이 나온다. 그러면 끊임없이 새로운 것을 발명하고 새로운 진리를 발견할 수 있다.

어느 건축회사 사장은 흰 쥐 두 마리를 샀다는 보고를 받았다. 그는 회사에 왜 쥐가 필요한지 이해할 수 없어 직원을 불러 쥐를 산 이유를 물었다.

"지난주에 회사에서 수리한 집에 새 전선을 깔아야 했습니다. 이 전선이 통과해야 하는 파이프의 길이는 10미터이고, 직경은 2.5센치미터인데 4번이나 꺾여 들어가야 합니다. 그런데 전선을 밀어 넣어봤지만 꺾이는 지점에서 막히고 말았습니다. 전선을 넣지 못하면 건물을 부숴야 합니다. 우리 중에 누구도 전선이 파이프를 통과하게 할 아이디어가 없었습니다. 그때 제가 쥐 한 쌍을 사자고 했습니다. 수컷 쥐 몸에 전선을 묶은 다음, 다른 직원에게 암컷 쥐를 주면서 통로 반대편에서 소리를 내게 했습니다. 그러자 수컷 쥐는 암컷 쥐의 소리를 듣고는 전선을 끌고 파이프 끝까지 통과했습니다."

사장은 직원의 얘기를 듣고 어떻게 그런 아이디어를 냈는지 물었다. 그는 어릴 적 꿈이 탐정이었다고 한다. 실제로 탐정은 되지 못했지만 추리 게임을 즐기며 일 년에 한 번씩 추리학회가 주관하는 세미나에도 참석했다는 것이다.

사장은 젊은 직원의 얘기에 감탄했다. 그가 즐기는 꿈의 조각이 놀라운 상상력을 발휘해 회사의 어려움을 해결했기 때문이다. 사장은 지금까지 직원은 자신이 월급을 주고 먹여 살린다고 생각했다. 시키는 대로만 하는 사람들이기 때문에 어떻게든 직원 수를 줄여 돈을 아끼려고만 했었다. 그런데 그들이 가진 경험과 역량이 눈에 보이지 않았을 뿐이지 훌륭하다는 사실을 깨달았다.

지식에 뿌리를 내린 경험은 생각의 불꽃을 화려하게 태울 수 있다. 삶의 경험은 우리에게 책보다 더 직접적이고 깊이 있는 많은 것들을 가르쳐준다. 학교에서 배운 지식보다 하나의 사건을 겪고 얻은 깨달음이 더 의미 있다. 이는 지혜의 깊이와 넓이에도 영향을 미친다. 광범위하게 다양한 것을 만나고 관찰하고 삶을 경험하라. 삶 속에서 이미지를 포착하고 받은 인상을 다 축적하자. 이것들은 배경 지식의 기반이 된다.

12

꿈을 가꾸고 키워 가야 한다

어린아이의 말을 유치하다는 이유로 비웃지 마라. 당신은 어쩌면 아이들만큼 행복하지 않을 수 있다. 적어도 그들은 아직 꿈을 갖고 있다. 하지만 당신은 이전의 꿈을 얼마나 간직하고 사는가? 아직 당신의 꿈을 위해 노력하고 있는가? 이미 현실과 타협하지는 않았는가? 성공하고 행복한 사람은 가슴에 꿈을 간직하고 있다.

존 고다드John Goddard는 어릴 적에 상상 속 신비한 왕국에 가보고 싶다고 생각했다. 15살이 됐을 때 그는 꿈 목록을 작성했다. 그는 해보고 싶은 일을 정리해서 작성했더니 127개나 되었다. 그 중에는 나일강 탐험하기, 수단의 원시 부족 연구하기, 5분에 1마일 뛰기, 바다에서 잠수하기, 피아노로 '월광' 연주하기, 브리태니커 백과사전 완독하기, 세계 일주하기 등이 있었다. 세계적인 탐험가였던 그는 127개의 목표 중 111개의 꿈을 성취했으며, 그후로도 500여 개의 꿈을 더 이루어냈다.

기적을 일으킨 사람은 존 고다드만이 아니다. 제임스 마샬James Marshall은 럭비에서 기적을 보였다. 그는 프로 럭비에서 가장 어려운 상대로 불린다. 스포츠에서 30세는 이미 '노인'으로 여기지만 그는 42세의 나이로 가드를 맡았다. 스포츠에서 가장 재밌는 선수로 인정받으며 건재를 과시한 것이다. 그는 럭비를 시작하고 282번의 경기 동안 한 번도 진 적이 없었다. 하지만 많은 재난을 겪은 것으로도 유명하다.

큰 눈 폭풍을 만나 동료들은 다 죽었지만 극적으로 혼자 살아남았으며 폐렴도 두 차례나 앓았고, 총을 닦다가 실수로 총알에 맞아 죽을 뻔도 했다. 또한 차 사고로 몇 번의 대수술을 받아야 했다. 하지만 그 어떠한 것도 그를 좌절시키지 못했다. 그는 그저 담담하게 "하나님은 날 데려가지 않을 거야, 내 꿈이 아직 다 이뤄지지 않았거든."이라고 말할 뿐이었다.

칼 비테Karl Witte는 "불행 중에서도 행복을 느낄 줄 알고, 고난 속에서도 기뻐할 줄 아는 사람은 어릴 때 상상력이 풍부했다. 정말 불행한 사람은 바로 상상력이 없는 사람들이다."라고 말했다. 여기서 말하는 상상력은 삶에 대해 긍정적인 환상, 즉 꿈을 말한다. 꿈은 열정적으로 삶을 더 잘 살아가도록 도와준다.

꿈이 없는 사람은 삶의 동기와 계기가 마련되지 않아서 삶에 대한 열정도 없다. 반대로 꿈이 가득한 사람은 꿈을 이루고 싶은 소망을 원동력으로 삼아서 노력하고 분투한다. 꿈은 일생을 걸고 쟁취해야 할 사명이 아니다. 각자 가슴에서 하고 싶은 일이나 원하는 일들의 집합이 꿈이다. 그래서 존 고다드는 꿈의 목록을 127가지나 적었다. 여행을 가보고 싶은 곳들, 배우고 싶은 것들, 수영해보고 싶은 장소, 사진 촬영하고 싶은 장소, 등반할 산이나 원시 문화 답사지 등을 하나하나 분리하여 적어두었다. 이것이 그의 꿈의 목록이었고 일생을 두고 하나하나 실천해가며 즐거움을 찾고 행복을 요리하는 재료로 삼았다.

어릴 적에는 꿈이 풍부하고 하고 싶은 일도 많다. 두려움보다 호기심과 열정이 많아 직접 도전하기를 무서워하지 않는다. 하루에도 수백 번씩 꿈이 바뀔 정도로 하고 싶고, 또 해내고 싶은 일이 많았지만 성인이 되면서 서서히 그 꿈을 잃어버린다. 그로 인해 자연스레 삶의 의지가 약해지고 지루한 일상을 반복하면서 산다.

자, 지금부터라도 다시 자신이 하고 싶었던 일이나 앞으로 하고 싶은 일로 꿈의 목록을 펼쳐보자. 아직도 꿈꾸는 철부지라고 비웃음을 당하더라도 개의치 말자. 그가 대신 살아주는 것도 아니지 않은가. 그 비웃음이 꿈을 가로막는 장애물로 이용되는 걸 보고 있으면 안 된다. 아직도 어린 날의 꿈을 기억하고 더 행복하게 살고 싶다면, 때로는 이성을 잠깐 내려놓고 상상이 그 날개를 펼치도록 해보자. 꿈은 행복에 달린 날개다. 세상을 마음껏 날 수 있도록 날갯짓을 해보자!

13

좋아하는 일을 하며 잠재력을 개발하라

잠재력은 개발해야만 표출된다. 그러나 자기 안에 어떤 잠재력이 있는지 아는 사람은 적다. 잠재력을 개발하는 과정에서 한두 번의 실수나 실패로 가능성을 묵살해버리기도 한다. 자신을 긍정적으로 보지 못하고 소질이 없는 것으로 치부하는 것이다. 스스로 단정해버린 '능력 부족'은 그 어떤 가능성으로도 열지 못하는 문이 되고 만다. 열등감으로 쌓이기 때문인데 스스로 빗장을 풀지 않으면 안 된다. 아주 뛰어난 잠재력이 단 한 번의 도전 실패로 막을 내릴 수도 있다. 그러면 결국 자기 인생도 빛을 보지 못한다.

한 음악과 학생이 연습실에 갔다. 피아노 위에는 전혀 새로운 악보가 놓여 있었다.

'또 엄청 어려운 곡이네.'

그는 악보를 훑어보며 자신감을 잃었다. 새 지도교수에게 레슨 받은 지 벌써 석 달이 지났다. 그는 왜 지도교수가 이런 식으로 자신을 괴롭히는지 알 수 없었다. 지도교수는 매우 유명한 음악계의 거장이었다.

"한번 연주해보렴."

학생은 어설프게 연주했고 많이 틀렸다.

"아직 손에 안 익었으니 돌아가서 연습을 잘하렴."

학생은 일주일 동안 연습을 했다. 둘째 주 수업 때 지도교수는 더 어려운 악보를 주었다. 지난주의 숙제에 대해선 아무 말도 하지 않았다. 학생은 다시 한번 더 어려운 기교를 시도하며 허덕였다. 셋째 주에는 또다시 더 어려운 악보가 주어졌다. 매주 같은 상황이 지속되었다. 학생은 수업 시간에 매번 새로운 악보의 도전을 받았고 이를 연습하면 또 두 배나 더 어려운 악보를 받았다. 그는 어떻게 해도 진도를 따라가지 못했고, 지난주에 연습한 곡에 대해서도 홀가분한 느낌이 들지 않아 점점 불안해하고 낙담했다.

더 이상 참을 수 없게 된 학생은 피아노를 그만두겠다고 했다. 지도교수는 말없이 제일 처음 학생에게 주었던 악보를 꺼냈다. 그러곤 확고한 눈빛으로 말했다.

"연주해보렴!"

그러자 불가사의한 일이 발생했다. 학생은 뜻밖에도 이 곡을 매우 훌륭하게 연주할 수 있었다. 지도교수는 두 번째 수업 때 준 악보를 또 쳐보라고 했다. 이 곡 역시 아무 거리낌없이 훌륭하게 연주했다. 연주가 끝나자 학생은 멍하게 지도교수를 바라보며 어떤 말도 할 수 없었다.

"자네는 피아노에 매우 탁월한 소질을 지니고 있다네. 하지만 자네가 가장 잘하는 부분만 연주하도록 내버려뒀다면, 아마도 여전히 제일 처음의 그 악보를 연습하고 있을 것이고, 지금과 같은 연주는 할 수 없었을 거네."

사람은 익숙하고 잘하는 부분만을 하려 한다. 그래서 더 나아가지 못하고 제자리걸음으로 주변만 뱅뱅 돈다. 영업 일에 종사했던 사람은 이직할 경우 또 영업직을 구할 확률이 높다. 이유는 간단하다. 잘 아는 일이고 그나마 할 수 있는 일이라는 것이다. 그들은 다른 분야를 고민해보지 않는다. 틀림없이 힘들 것이다, 그 일을 잘 모른다, 어려울 것 같다는 등 핑계도 다양하게 내놓는다.

하지만 생각해보라. 매우 바쁘게 흘러가는 일의 어려움과 환경의 압박에서 자신도 모르는 사이에 많은 능력이 길러지지 않았겠는가? 그것은 당신에게 무한한 잠재력이 있기 때문이다. 이것을 깨닫고 인지하면 우리는 더 기쁜 마음으로 미래의 더 많은 어려움을 극복할 수 있게 될 것이다.

사람의 능력은 유한하지만 지혜와 상상력은 한계가 없다. 특히 잠재력이 발현되는 부분에서는 더욱 그렇다. 잠재력을 충분히 개발하고 창의력을 발휘한다면 자신도 깜짝 놀랄 만한 결과를 얻을 것이다. 문제는 자신의 정신력이다. 그 엄청난 잠재력이 한번 흔든다고 깨어난다면 얼마나 좋겠는가. 그런 것은 절대 가능하지 않다. 잠재력이 크면 클수록 시련도 크게 닥친다. 새로운 일에는 언제나 시행착오가 따른다. 이를 이겨내고 다시 일어설 수 있는 용기가 필요하다.

14

잠재력은 자신이 가진 가장 큰 자산이다

죽을 파는 가게가 두 군데 있었다. 두 가게 모두 끊임없이 사람들이 오갔다. 그런데 매일같이 정산할 때면 왼쪽 가게가 오른쪽 가게보다 매출액이 더 나왔다.

어느 날 잭은 오른쪽 가게에 들어갔다. 아가씨가 미소를 지으며 잭을 맞이하곤 그에게 죽을 한 그릇 가득 담아 주었다. 그리고 물었다.

"계란을 넣으시나요?"

잭은 넣는다고 말했다. 그러자 그녀는 계란을 넣어주었다. 손님이 들어올 때마다 종업원은 계란을 넣는지 물었다. 넣는다고 하는 사람도 있고, 넣지 않는다는 사람도 있었는데 그 비율이 반반 정도 되었다.

이튿날 잭은 왼쪽 가게로 갔다. 여기서도 아가씨가 웃으며 그를 맞이하고 죽 한 그릇을 담아 주었다. 그리고 물었다.

"계란을 하나 넣으시나요, 아니면 두 개 넣으시나요?"

잭은 웃으며 하나만 넣어달라고 했다. 손님이 한 명 더 들어오자 종업원이 다시 물었다. "계란을 하나 넣으시나요, 두 개 넣으시나요?"

계란을 좋아하는 사람은 두 개를 넣어달라고 했고, 좋아하지 않는 사람은 하나만 넣어달라고 했다. 넣지 말라고 하는 사람도 있었지만 매우 적었다.

잭은 하루 동안 왼쪽 가게가 오른쪽 가게보다 계란을 더 많이 판다는 것을 발견했다. 수입의 차이가 바로 여기에서 발생하는 것이었다.

판매자의 월등한 영업 능력으로 왼쪽 가게가 훨씬 매출이 높았던 것이다. **당신의 잠재력은 최고치로 발휘되는가? 아니면 하나하나 순서대로 일하면서 익숙한 일만 하고 있는가? 당신이 더 잘하지 못하는 것은 아직 잠재력이 발휘되지 못했기 때문이다. 기억하라, 모든 사람의 잠재력은 무궁무진하다.**

잠재력에 대한 긍정의 힘은 모든 사람이 배워야 한다. 자신이 맡은 분야에서 발전이 있을 때 공로를 '자기 노력'으로 돌려라. 그러면 더 나아가고자 하는 힘, 발전하고 싶은 의지와 원동력, 노력하고 싶은 열정이 생긴다. 집중하여 자기 역량을 키워가는 길이다.

실패하면 원인을 너무 어려웠다거나 운이 좋지 않았던 탓으로 돌려라. 스트레스를 줄이고 부담과 강박에서 '해방감'을 느끼라는 것이다. 다음 일을 진취적으로 하기 위해서는 마음의 평안을 찾는 것이 먼저다. 그 후 더 노력하도록 격려하고 고난을 극복하자. 단, 요행을 바라는 마음은 없어야 한다.

랄스 에머슨Ralph Waldo Emerson은 "사람에게 숨어 있는 잠재력은 끝이 없다. 잠재력이 발휘되면 그 사람은 생각을 뛰어넘는 어떤 일도 해낼 수 있다. 직접 경험해보지 않으면, 그는 자신에게 이런 능력이 있는지 알지 못한다. 그러므로 우리는 자신의 내면 깊은 곳에 있는 순식간에 사라지는 불꽃을 발견하고 관찰해야 한다. 이것은 그저 시인이나 성자에게만 국한된 섬광이 아니다."라고 말했다.

사업에 성공한 사람이든지, 아무것도 해내지 못한 채 좌절한 상태든지 상관없다. 당신이 나이 많은 노인이든지 기운이 왕성한 젊은이든지, 어느 업종에서 근무하든지 간에 자신에게 거대한 잠재력이 있음을 믿어라.

어딘가 하나쯤, 무엇인가 하나쯤 믿는 구석이 있어야 자신감이 생기고 추진력도 생긴다. 그 믿음을 자신의 잠재력에 둬라. 자신의 가능성을 믿고 안 믿고는 개인의 자유다. 하지만 똑같은 일을 할 때 믿는 자와 믿지 않는 자의 결과는 확연히 다르게 나타난다. 그 차이는 생각보다 극명하다. 잠재력을 개발하면 이미 반은 성공한 것이나 다름없다.

PART 2

행복은 현재진행형이다

T H E   S E C R E T   O F

H A P P I N E S S

당신이 있는 곳에서 느끼는 행복이 진짜다. 당신의 눈에 보이는 것, 만질 수 있는 것, 들을 수 있는 것 등 자신의 역할이 있고 자기만족이 있는 곳에서 행복이 감지된다. 당신이 없는 곳에서 일어나는 일은 당신의 행복이 아니다. 그 행복의 주인은 따로 있다. 더불어 행복할 수 있고, 그 행복을 나눌 수는 있지만 행복의 주변인에 불과하다. 현재 자신에게 일어나는 상황에서 행복하자. 그 행복이 진짜다.

15

현재의 기쁨을 소중히 여겨라

가끔 하던 일을 멈추고 생각해보자. 내일은 기쁨으로 충만할까? 내일의 행복을 위해 오늘을 희생하는 게 맞는가? 내일만큼 오늘 행복할 수는 없을까? 이런 질문에 고개가 갸우뚱해지는 이유는 무얼까?

어릴 적에는 아이스크림을 사 먹는 게 가장 기쁜 일이었다. 친구랑 해변을 뛰어다니며 웃었고 질척이는 갯벌에서 게를 잡으면 소리를 지르곤 했다. 친구들과 모래성을 쌓을 때면 마치 위대한 건축가가 된 것처럼 느껴졌다.

어릴 적 아름다운 순수함은 어디로 갔는가? 무엇에 눌려 밖으로 표출되지 못하고 피어나기도 전에 사그라지는가? 그것도 내일

웃기 위해 아끼는 것인가? 내일 행복하기 위해 오늘의 행복을 밟아버리는 것인가?

소설 《뇌우》에서 저우 할아버지는 루씨 아줌마를 이십여 년 동안 잊지 못한다. 하지만 훗날 루씨 아줌마를 만났을 땐 놀랍게도 화를 내고 슬퍼하며 절망한다. 그가 사랑했던 사람은 상상 속의 루씨 아줌마였던 것이다. 오랫동안 상상의 공간에서 그녀를 미화했다. 하지만 상상의 그녀는 진짜 루씨가 아니었다. 이처럼 사람들이 꿈꾸는 기쁨에 대한 기대는 대부분 실현되지 못하는 상상에 기인한다. 간절히 바랐던 기쁨이 현실이 되었을 때 "고작 이것 때문에 행복을 저당 잡히며 살았다니!"라며 땅을 치는 후회가 따를 수 있다. 그것을 좇느라 잃은 게 너무 많기 때문이다.

내일의 기쁨을 바라는 것보다 오늘의 기쁨을 소중히 여겨야 한다. 기쁨은 매우 단순한 곳에서 온다. 사람들의 미소와 격려, 자신의 발전은 당신이 기뻐할 요소이다. 이에 대해 우리가 해야 할 유일한 일은 이 기쁨을 잘 붙잡아두고 소중히 여기는 것이다.

살아 있는 부처라고 불리는 싱가린포체는 자서전 《나는 이런 승려다》에서 짧은 글로 사부, 사모와 함께 지낸 시간을 묘사했다.

아침마다 사모는 부뚜막에서 고기 수프를 한 대접 끓였다. 덕분에 아침에 눈을 뜰 때면 집안 가득한 맛있는 냄새를 맡을 수 있었다. 진한 고기의 향기를 맡으면 나는 배고픈 배를 움켜쥔 채 곧바로 일어나 세수를 하고 부엌 근처를 빙글빙글 맴돌았다. 사모는 항상 웃으며 "기다려라. 조금만 기다리면 다 된단다."라고 나에게 말했다.

나는 이렇게 맛있는 고기 수프를 한 번도 먹어본 적이 없었다. 고기 수프는 사모께서 나만을 위해 만들어주는 것이었다. 나는 수프를 먹으며 그 행복을 일일이 말로 전했다. 그러다 보니 아침마다 내 입에서는 찬사가 나왔고 좋은 것만을 말하게 되었다. 사모는 내가 한 말에 행복해했고 사부는 내가 표현하는 것에서 새로움을 발견하고 늘 칭찬해주었다. 그렇게 좋은 것을 보는 것이 습관으로 장착되었다.

나는 미래를 기대했다. 사원의 주인이 되고 싶은 꿈도 있었다. 그래서 내일을 위해 오늘의 기쁨을 잠재우지 않았다. 내일의 기쁨을 더 크게 누리기 위해 오늘 웃을 일을 만들고 만족하면서 행복을 축적했다.

만약 싱가린포체가 사원의 주인이 되는 것을 동경하여 다른 사람을 존중하지 않았다면 가능했을까? 호화로운 삶을 바라며 순수하게 전해지는 기쁨을 상대와 나누지 않았다면 존경받는 승려가 될 수 있었을까? 웃을 일이 없다고 하기 전에 시원한 물 한 잔 들이키며 청량함에 웃어보자. 내일의 기쁨보다 훨씬 의미 있는 오늘이고 지금이다.

오늘의 기쁨을 당신은 가졌는가? 소중히 대했는가 아니면 뒤로 미뤘는가? 아직도 내일의 기쁨을 동경하고 있는가? 만약 오늘 하루 동안 기쁨을 느꼈다면 스스로에게 말하라.

"난 지금 이 행복을 놓치지 않을 거야!"

16

오늘의 행복은 꿈을 향하는 길에 놓인 디딤돌이다

따뜻하고 부드러운 햇빛이 당신의 눈을 황금빛으로 물들인다. 도로 양쪽에 선 나무들이 바람 따라 흔들리고, 늦은 오후 한가로이 길을 걸으며 은은한 향기를 맡는다. 이때 가슴으로 밀려드는 기쁨은 언제 올지도 모르는 대단한 행복보다 더 실제적이다. 순간의 기쁨, 찰나의 행복은 일부러 찾지 않아도 보이고, 들리고, 느낄 수 있다. 이런 기쁨이 당신의 생활 곳곳에 스며 있는데 당신은 이 기쁨을 포기하고 내일의 기쁨만 좇을 것인가?

'오월천 밴드'가 처음 등장했을 때 그들은 주목받지 못했다. 돈도 없고 미래도 없어 보였다. 하지만 그들은 한 걸음 한 걸음 쉬지 않고 걸었다. 마냥 음악이 좋았고 음악을 할 때 행복했다. 그 결과 이제는 누구나 알아주는 인기스타가 되었다. 밴드를 처음 결성했을 당시에는 타이베이 아레나에서 콘서트를 여는 것조차 그들에게는 사치스런 희망이자 이뤄질 수 없는 꿈이었다. 그런데 얼마 전 그들이 베이징 국가체육관에서 콘서트를 열었는데 하루 만에 티켓이 매진됐다. 콘서트 현장에서 그들은 "우리는 매 순간 음악과 함께했고 음악으로 이 자리에 섰습니다. 우리 음악을 좋아해주셔서 감사합니다."라고 외쳤다.

'오월천 밴드'는 한 번도 음악에 대한 열정을 포기하지 않았다고 한다. 음악으로 생활하고 음악으로 꿈을 꾸었다. 그들은 음악을 만들 때의 즐거움에 매료되었고, 누군가가 그들의 음악을 좋아해줄 때 기쁨에 빠졌다. 그들은 허황된 꿈을 품지 않았다. 섣불리 미래를 판단하지도 않았다. 대형 콘서트를 동경하지도 않았다. 얼마나 많은 사람이 자신들의 음악을 사랑하고 좋아해줄지도 상상하지 않았다. 그들은 미래를 동경하는 기쁨에 빠지지 않고, 실제와 관련 없는 미래의 기쁨을 기대하지 않았다. 그들에게는 좋은 가사 한 줄 써지는 것이 기쁨이고 입에 착착 감기는 멜로디를 만드는 것이 기쁨이었다. 그들은 단순하면서도 손을 뻗으면 닿을 수 있는 오늘의 기쁨을 소중히 여겼다.

중국의 시인 신기질辛弃疾은 "군중 속에서 그녀를 천백 번을 찾아 헤매다, 무심코 고개를 돌린, 그녀는 그곳, 시든 등불 아래 있었다."라고 말했다.

당신이 끊임없이 찾는 기쁨과, 내일은 꼭 쟁취하게 될 거라던 행복이 사실은 지금 당신 옆에 있다. 당신 곁에서 손만 뻗으면 닿을 만한 거리에서 미소 짓고 있다. 그 기쁨을 발견하지 못하는 건 당신이 너무 급하고 좁은 마음으로 그저 미래만 바라보고 있기 때문이다. 소소한 기쁨에 만족하지 못하고 더 큰 행복, 더 많은 부귀영화를 누리려는 마음에서 비롯된 욕심이 당신의 눈과 귀를 막고 있는 것이다.

물론 미래의 기쁨은 매우 아름다운 무지개이다. 하지만 오늘의 기쁨은 진실하고, 솔직하고 단순하다. 그래서 무미건조하게 느껴진다. 숨바꼭질하는 것처럼 당신의 일상에 숨어 손을 흔들기도 하고 머리를 내밀기도 한다. 깡총 뛰어 당신 앞에 나타날지도 모른다. 이때 너무 흔한 기쁨이라고 외면하지 말고, 너무 작은 행복이라고 비웃지 말고, 누구나 누리는 만족이라고 무시하지 마라. 세상에 당연한 기쁨은 없다.

기쁨은 당신의 내면에서 우러나오는 웃음이다. 아주 당연한 것, 단순한 것, 매일 비슷하게 반복되는 것, 일부러 찾아 헤매지

않아도 되는 것, 소중히 여기기만 하면 얻을 수 있는 것이다. 지금 당신이 어떻게든 얻고자 하는 성취는 나중에 손에 쥐는 순간 그 의미를 잃게 된다. 오로지 그것만을 위해 달린 당신은 허무를 느낄 수 있다. 당신이 오르고 싶었던 자리, 거머쥐고 싶었던 권력, 쌓고 싶었던 부는 오늘의 기쁨과 행복을 포기한 대가가 아니어야 한다. 오늘의 기쁨이 그것으로 나아가는 디딤돌임을 깨달아야 하는 것이다.

17

보이지 않는 미래에 전전긍긍하지 마라

일상생활에서 많은 사람이 오늘이 아닌 내일을 산다. 고등학교를 졸업하자마자 운전면허를 따고 대학에 가고 독립하는 날만을 기다린다. 인생의 출발점에서 "나중에 이렇게 되면?"이라든가 "나중에 저걸 한다면?"이라는 말을 달고 산다. 그런데 과연 계획대로 될까? 계획대로 된 게 몇 개나 있을지 궁금하다. 현실은 냉정하고 냉혹하다. 오늘 화나고 슬펐는데 내일 갑자기 모든 것이 좋아지지 않는 것처럼 오늘 집중해야만 내일이 보인다. 이것만이 꿈이 현실이 될 유일한 방법이다.

내일의 꿈은 지금 당신이 서 있는 곳에서 시작된다. 현재 가장 자주 생각하고 가장 주의를 많이 기울이는 그 지점에서 미래가 바뀐

다. 당신은 지금 마라톤의 출발선에 섰다. 출발신호를 내리는 이도, 박차고 나갈 이도 바로 당신이다.

우리는 가끔 일어나지 않은 일을 상상한다. 공항으로 가는 길에 탑승 시간을 착각해 비행기를 놓치는 상상, 파티에 초대받은 사람이 모두 술 한 병씩 가져왔는데 자신만 빈손인 난처한 상황, 건강검진을 받으러 가며 심각한 병이 발견되는 것은 아닌지 두려움에 떠는 등 이런 부정적인 상상은 우리의 등골을 오싹하게 만든다.

그러나 현실의 당신은 여유 있게 비행기에 탑승하고, 파티에서 주의를 집중시키는 호감을 사며, 검진 결과는 아주 양호한 건강을 보여준다. 당신은 기쁘겠지만 무의식 혹은 내면에 불안이 잠재되어 있다는 사실을 안다.

우리는 미래를 상상할 때 극단적이 되기도 한다. 최악의 경우를 상정하고 그 일이 현실이 되는 경우를 떠올린다. 예를 들어 연구 중인 대상에게 내일 아침에 미트 스파게티를 먹는 게 좋을지 아니면 오늘 오후에 먹는 게 좋을지 예측해보라고 가정해보자. 대상자 중에는 배가 고픈 상태인 사람도 있을 것이고 그렇지 않은 사람도 있을 것이다. 배가 고픈 상태인 사람들은 오늘 오후에 스파게티를 먹는 게 내일 아침에 먹는 것보다 더 좋을 거라고 생각한다. 배고픔의 감각이 스파게티를 먹어야 할 시간을 앞당기는 것이다.

그러나 각기 다른 분위기의 음악 선율의 환경에서 미트 스파게티를 언제 먹을지 결정해야 하는 상황이라면 이야기는 달라진다. 감각기관에도 여러 영향이 미치기 때문이다. 많은 일을 동시에 진행하는 것은 사람의 상상을 멈추게 한다.

감각으로 느끼는 배고픔은 다르다. 배고픈 사람은 시간과 상관없이 스파게티가 먹고 싶을 것이고 배가 고프지 않은 사람은 그리 먹는 욕구가 생기지 않을 것이다. 배고프다면 상상만으로도 '맛이 괜찮다.'라고 생각할 것이고, 배고프지 않다면 '구역질할 것 같다.'고 느낄 수도 있다.

미래를 상상할 때 현재 자신이 처한 상황이나 상태가 큰 영향을 미친다는 것을 알 수 있다. **사람은 누구나 지금을 시작점으로 삼아 내일의 기쁨을 예측한다. 이는 행복의 정도를 예상할 때도 똑같이 적용된다. 자신의 행복이 미래에 증대될지 판단할 때, 현재를 기준점으로 삼아서 상상의 나래를 펼친다.** 가령 꿈을 이룬 미래에는 얼마나 행복할까라고 인정받는 기분을 누리는 기쁨을 떠올려보는 것이다.

하지만 이런 상상은 그 과정에 투자되는 시간과 땀, 열정, 노력은 생각지 않은 것이다. 이를 아는 주변의 냉정한 평가를 하는 사람들은 미래에 대한 상상에 빠지지 말라고 조언한다. 상상도 역시 현재를 바탕으로 하는 것이며 현재를 꽉 붙잡고 있어야 꿈꾸는 미래가 펼쳐질 것이라는 첨삭도 빼놓지 않는다. 대신 현실에 주어진 상황의 조건에서 불안을 걷어내야 한다. 귀에 들리는 음악이 미트 스파게티를 언제 먹을 것인지 결정해야 하는 것을 잊고 선율에 집중하는 것처럼, 눈앞에 드러나지 않는 결과에 전전긍긍하며 시간을 소비하거나 에너지를 낭비하지는 말자. 현재의 중요한 요소에 집중하자. 그것만이 당신이 설계한 미래에 다가가는 길이다. 불안한 마음으로 탑을 쌓지 마라. 그러면 반드시 무너진다.

18

비교를 거듭하는
어리석은 자가 되지 마라

사람들은 비교하는 것을 좋아한다. 예를 들어 스타벅스 커피가 한 잔에 3달러인 걸 봤을 때, 어제는 다른 곳에서 마신 커피를 얼마에 샀는지 생각한다. 며칠 전 마신 편의점 커피와 커피 전문점의 값의 차이, 맛의 차이, 가치의 차이를 따져본다. 이는 과거의 일을 되짚어보는 것이 새로운 가능성을 생각하는 것보다 더 간단하기 때문이다. 그래서 다른 가능성과 비교해봐야 할 때 과거로 돌아가 비교하는 것을 선택하게 되는 것이다.

비교는 자신이 선택한 일과 선택하지 하지 않은 일에서 다른 가능성을 비교하는 것이 맞다. 커피가 어제 아니면 일주일 전에 심지어 수년 전에 얼마였는지가 중요한 것이 아니기 때문이다. 중요한

것은 지금 당신이 돈을 쓰려고 한다는 것이다. 따라서 당신이 답을 내려야 할 유일한 문제는 바로 어떻게 하면 가장 적은 돈으로 최대 행복을 얻을 수 있는가 하는 문제이다.

만약 커피 원두를 수입해오는 과정에 문제가 생겨서 커피 한 잔 값이 갑자기 100달러가 되었다면, 당신이 생각해볼 유일한 문제는 "100달러를 가지고 나는 다른 일을 할 수도 있는데, 이 일들이 주는 만족감이 커피 한 잔이 주는 만족감보다 클까 아니면 작을까?"라는 것이다.

만약 질문에 대한 답이 '더 크다'라면 카페를 나와야 한다. 만약 답이 '더 적다'라면 커피를 주문하면 된다. 이렇게 비교하는 문제는 상당한 사고를 원한다. 그래서 사람들은 단순히 과거와 비교하려 한다. 기억에 있는 값과 현재의 값, 눈에 가시적으로 드러나는 것, 즉각적으로 비교가 가능해서 손해가 아님을 알 수 있는 것으로 비교하는 것이다.

그로 인해 불합리한 결정을 내릴 때도 있다. 예를 들어 사람들은 가격이 600달러였다가 500달러로 떨어진 여행 상품을 더 사고 싶어 한다. 300달러였던 여행 상품 중 프리미엄 서비스를 추가하고 호텔 등급을 올려 400달러에 판매하면 구매자는 이 상품을 사지 않는다. 과거의 가격보다 올라 자신이 더 비싼 가격을 지불해야 한다는 사실이 싫은 것이다. 그래서 더없이 훌륭한 제품을 꽤 괜찮은 가격에 살 수 있음에도 단순한 판단에 근거해 놓치고 만다.

이런 인간의 경향은 '회상할 과거가 있는' 상품을 대할 때와 '과거 경력이 없는' 상품을 대할 때 구매심리에 큰 차이가 생기게 만든다. 지갑에 20달러의 현금이 있고, 20달러를 주고 산 콘서트 티켓이 있다고 생각해보자. 당신이 콘서트장에 도착했을 때 길에서 표를 잃어버린 걸 알게 됐다. 그럼 당신은 표를 다시 살 것인가? 대부분의 사람은 모두 아니라고 답한다.

그럼 이제 당신의 지갑에 20달러짜리 수표가 두 장 있다고 생각해보자. 콘서트장에 도착했을 때 길에서 수표 한 장을 잃어버린 걸 발견했다. 그렇다면 당신은 콘서트 티켓을 살 것인가? 대부분은 그렇다고 한다.

논리적인 사고에 정통하지 않아도 이 두 상황의 의미 있는 요소는 완벽히 일치한다. 당신이 잃어버린 것은 모두 20달러의 가치가 있는 종이(티켓과 수표)였다. 그리고 당신은 지갑에 남은 돈을 사용해 티켓을 살지 안 살지를 결정해야 했다. 하지만 우리의 사고는 현재를 과거와 같이 놓고 비교하려는 경향이 있어서 우리는 두 개의 완전히 같은 상황을 두고도 다른 분석을 한다.

길에서 20달러를 잃어버리고 티켓을 사야 한다고 생각했을 땐 이 콘서트는 아직 지나간 것이 아니다. 그래서 정확하게 콘서트와 다른 가능성을 두고 비교를 했다. 20달러를 들여서 콘서트를 볼 것인가 아니면 고급 장갑을 살 것인가라는 것처럼 말이다. 하지만 콘서트 티켓을 잃어버렸을 때는 티켓을 다시 살 것인지 말 것인지 고민한다. 이 콘서트를 회상할 과거가 있는 것이다. 그래서 우리는 지금 콘서트를 보는 것의 대가(40달러)와 과거에 치른 대가(20달러)를 두고 비교하는 것이다. 같은 콘서트인데 더 많은 대가를 치르고는 보지 않겠다는 심리작용에 의한 결과이다. 티켓을 잃어버리고 다시 사면서 콘서트에 지불하는 대가가 갑자기 올라간 것으로 느껴지기 때문이다.

비교는 바로 이런 것이다. 때론 사람을 기쁘게도 하지만 때로는 사람을 걱정하게 만든다. 비교에 있어 어떻게 비교하는 것이 행복한지 당사자가 깊이 따져봐야 한다.

사람들은 대부분 현재와 과거를 가지고 비교하길 좋아한다. 비교를 통해 우열을 가릴 수 있고 좀 더 빠르게 목표를 선택할 수 있기 때문이다. 일단 자신에게 유리한 것을 선택하고 나면 행복감이 증가한다. 그러나 사리를 분별하지 못한 맹목적인 비교는 행복이 아닌 불행을 초래한다. 따라서 비교의 소용돌이에 잠기지 말고 현재를 꽉 움켜쥐자. 그렇게 해야 자신의 행복이 방향을 잃지 않을 수 있다.

19

성급하게 결론 내지 마라

과학을 연구하거나 발명하는 사람들은 실험에서는 같아 보이는 것들이 실제로는 다른 현상들을 만난다. 몇 번의 실험 결과가 같게 나올 경우 처음 출발했던 가정이나 가설이 옳다고 믿어버린다. 우연에 의해 얻어진 결과라는 것을 인지하지 못한다면 거짓을 진짜처럼, 진짜를 거짓처럼 믿는다. 그 때문에 잘못된 결론을 얻거나 오류투성이 발표로 낭패를 보기도 하고, 탁월한 기술 발명 기회를 날려버리기도 한다.

따라서 연구 과정에서 발견한 새로운 현상이나 사실을 경솔하게 결과로 인정하면 안 된다. 그보다는 진지하게 반복하며 비교하고 분석해야 한다. 매우 작은 차이라도 쉽게 넘어가면 안 되는 것이다. 확인하고 점검하고 거꾸로 검증하는 방법을 사용해야 한다.

이미 과학 연구나 창작과 발명 활동의 전문가들은 비교하는 일에 매우 능동적이다. 예를 들어 공기 중에 있는 불활성 기체인 헬륨을 발견한 것은 비슷한 종류의 비교를 통해 성공한 사례이다. 영국의 화학자 윌리엄 램지Sir William Ramsay는 공기 중에서 발견한 헬륨(1리터당 1.2572g)과 암모니아의 네온(1리터당 1.2505g)의 무게 차이 0.0067g이 무엇인지 밝혀내고 싶었다. 그는 그것이 불활성 기체라는 사실을 발견하고도 반복적으로 비교하고 철저하게 분석했다. 그 결과 그의 연구에서는 오류가 발견되지 않았고 학계의 신뢰를 얻었다.

피에르와 퀴리 부부는 감마 방사선을 발견했을 당시 반복적인 확인과 깊이 있는 비교 및 분석을 하지 못했다. 더 강한 빛을 발하는 중성 방사선을 확인했음에도 불구하고 감마와 중성 방사선 사이의 힘의 차이가 아닌 다른 차이를 발견하지 못한 것이다. 이 물체가 정전기를 띠지 않는다는 공통점에만 집중했기 때문이다. 그래서 이 미지의 새로운 방사선을 간단하게 감마 방사선으로 분류해버려 '중성자'라는 새로운 과학의 사실을 발견할 기회를 놓쳐버렸다.

같은 시기에 영국의 핵물리학자인 채드윅James Chadwick은 지도 교수인 러더퍼드Ernest Rutherford의 지도하에 퀴리부부가 발견했던 방사선에 흥미를 가졌다. 반복적인 실험과 비교 분석을 통해 이 방사선이 감마 방사선이 아닌 중성자임을 확증했다. 이후 그는 노벨 물리학상을 수상했다.

위의 예시는 과학 영역에서 일어난 것이다. 하지만 이런 상황이 우리 삶에서 일어난다면 그 결과는 어떻게 달라질까? 기쁨과 행복, 만족과 영광은 누구의 몫이 될까? 장담컨대 반복과 비교, 분석으로 자기 삶의 위치를 바꾸고 자신이 만족하는 길을 발견한다면 다른 사람보다 멋진 삶을 영위할 수 있을 것이다.

물론 상대적 관점에서 누구와 비교하라는 말은 아니다. **인생은 마트에 진열된 엇비슷한 상품이 아니므로 화려한 포장으로 감싼다고 자기를 세상에 어필할 수도 없다. 진정한 자신의 모습을 찾고 그 모습으로 당당하게 생활할 때 가능하다. 그러므로 자기 내면에 있는 재능, 가능성, 의지, 열정끼리 비교하고 우열을 가려야 한다.**

하지만 이러한 자기 내면의 비교 과정은 혼란스럽게 하고 정신이 어지러울 수 있다. 고등학교 진로 상담에 따르면 학생들은 의외로 자신이 좋아하는 일이 무엇인지 알지 못한다고 한다. 특별히 잘하는 것도 없고 자신 있게 해낼 분야도 없다고 72%가 설문에 응답했다. 공부하고 있지만 무엇을 위해 하는지 알지 못한 채 성적에 연연한다는 것이다. 그러니 대학을 졸업하고 사회에 나왔을 때 주어진 일이나 맡겨진 업무에서 성취감이 떨어진다. 이는 자신감과 연결되어 무기력하고 의욕이 없는 생활을 이어가게 만든다.

자기 내면을 살펴보는 시간을 내보자. 하고 싶은 일들을 모두 적어보고 열정과 재능을 객관적으로 평가해보는 것도 좋다. 다소 부족하지만 열정이 더 가는 일과 열정은 느껴지지 않지만, 어느 분야에서 탁월하다는 소리를 듣는 경우가 있다. 둘 중 하나를 결정하기가 어렵다면 그 사이에 있는 아주 간소한 차이, 즉 '이 일을 안 하면 언젠가는 후회'할 것 같다는 감정이나 최소한 10년 이상 이 일을 해보고 싶다는 의지를 측정해보라.

사회적으로 인정받으니까, 돈을 많이 버니까, 어느 정도 소질은 있으니까 한번 해본다는 식의 접근은 당신이 누릴 행복을 점점 밀어내는 결과를 가져올 수 있다. 보이지 않게 아주 조금씩, 하루하루가 더해질수록 그 거리는 멀어진다. 그래서는 안 된다. 하루하루를 살아가며 행복도 쌓아가는 길을 선택하자. 성급하게 결론 내리지 말고 시간에 쫓기는 조급한 마음도 버리자. 당신 인생에 깃든 행복을 찾아야 한다.

20

행복을 가두는 울타리를 걷어내라

비교하기 시작하면 끝이 없다. 어떤 물건을 선택했는데 그것이 기대와 다르다는 것이 눈에 띄면 상대적으로 갈등했던 물건을 곱씹으며 그것이 더 좋았을 거라고 후회한다. 바로 그때 자신도 모르게 진정한 행복이 사그라든다. 얻지 못한 물건이 더 좋아 보이고, 수중에 두고 싶은 물건은 우리의 상상력을 자극한다. 그것만 가지면 행복할 것 같고, 그것만 있으면 남부럽지 않을 거 같다고 믿는다. 그래서 더 간절해지고 꼭 얻고 싶어진다. 그것을 소유하려는 마음이 간절할수록 그 일에 더 적극적으로 나선다. 가능하지 않은 것을 가능하게 만들기 위해 노력하는 것이다. 이는 앞으로 나아갈 힘을 얻는 심리작용이다.

사람들은 상품을 비교해보고 품질과 디자인, 기능이 비슷하다면 비싼 것을 사지 않는다. 이러한 심리를 잘 아는 판매자들은 매우 비싼 상품을 나란히 진열해두고 소비 촉진을 유도한다. 또한 비교 상품의 수를 줄여 소비자 선택의 폭을 좁히는 대신 고가의 제품을 파는 영업 전략도 있다. 비싼 두 물건끼리만 비교하게 만드는 것이다. 명품매장을 떠올리면 쉽게 이해할 수 있다. 무조건 비싼 제품을 선호하는 사람은 없다. 그러나 비싼 값을 치르고라도 꼭 소유하고 싶은 물건은 있다. 브랜드의 가치, 희소의 가치, 투자의 가치 등 소유의 이유도 다양하다.

가구나 가전제품 등을 구매했던 경험을 떠올려보자. 의자, 샹들리에, 음향기기, TV까지 직접 하나하나 꼼꼼히 엄선한 제품들이다. 여러 곳을 돌아보아 꼼꼼하게 비교하고 분석한 후 선택한다.

“이 TV의 화질이 저것보다 더 선명했어.”라는 식으로 매장 진열상품과 비교한다. 그래서 판매자들은 전력을 기울여 진열된 제품끼리 비교하게 만든다. 나란히 진열된 제품에 집중하여 구별해낼 수 있는 특징을 보게 하고, 고객의 빠른 선택을 위해 최선을 다하는 것이다. 고객들은 대부분 매장에 들어선 뒤 15분 안에 구매를 결정하기 때문이다.

그리고 제품에 따라 자신의 판단에서가 아니라 판매자의 의견에 따라야 하는 경우도 있다. 카메라 매장에서 다양한 종류의 수

많은 카메라를 볼 때면 상황은 달라진다. 전문적인 상품을 구입 시에는 제품에 대한 이해와 지식의 부족을 느껴 직원이 추천하는 상품을 구매할 확률이 높다. 직원이 추천한 카메라는 다를 것이란 생각이 마음을 지배하는 것이다.

사전을 구입할 때를 예로 들어보자. 한 연구팀은 실험에 참여한 A조에게 품질이 좋고 1만 개의 단어를 수록된 사전을 보여주며 값을 측정하라고 했다. 그들은 24달러를 불렀다. B조는 낡았지만 2만 개의 단어를 수록한 사전을 20달러라고 불렀다. C조는 두 사전을 나란히 두고 비교하게 한 뒤 각각의 값을 매기라고 했다. 그들은 품질이 좋은 사전에 19달러를 매겼고, 낡은 사전에는 27달러를 매겼다. 보통은 사람들이 값을 측정할 때 사전 겉표지와 종이의 품질, 제본 상태의 완성도를 중시한다. 하지만 두 사전을 나란히 비교하면 수록된 단어의 양에 집중한다는 것을 알 수 있다.

자신이 행복한가 측정할 때도 사전에 값을 매기는 것과 같아야 한다. 결국엔 실제 상황으로 돌아와 그 진정한 가치를 알아야 한다. 어떻게 하면 행복할 수 있는가에 집중하는 것이 왕도이며 근본이다. 심리적 영향을 받는 우리는 행복을 포장지로 생각한다. 카메라를 살 때처럼 남들이 권하는 행복에 눈을 돌리고 남들이 제시하는 행복만 진짜 행복이라고 믿는다. 그래서 자신에게 주어지지 않은 상태를 동경하며 자기 앞에 놓인 상황에 만족하지 못한다. 이는 자기가 친 울타리에 행복을 가두는 꼴이다. 자신의 선택으로 어떤 상황에 놓였다면 선택하지 못한 것에는 미련을 버리자. 그 어떤 것이든 자신이 선택한 것을 소중히 여겨야 한다. 만약 계속 비교하게 되면 귀하게 얻은 것조차 하찮게 여기며 결국에는 그것마저 잃게 된다. 바라던 것도 얻지 못하고 우리가 이미 갖고 있던 행복마저 망가져버리는 꼴이다.

이제 행복한 삶을 돌아보고 정리해볼 시간을 갖자. 관점을 바꾼다면 무궁무진한 행복을 누릴 수 있다. 자신에게 주어진 것을 소중히 해야 한다. 그것을 잃어버린 뒤 후회하며 다시 갖길 바라는 것은 아무 의미가 없다.

21

행복을 방해하는 9가지 장애물

우리는 희망을 본다. 현재의 삶이 어려울지라도 내일은 더 나아진다는 희망을 걸고 오늘을 산다. 꿈꾸는 소망을 오늘에 심는 것이다. 그래서 고생도 값지게 받아들이지만 그 과정에서 흔들릴 때가 있다. 바로 행복을 가로막는 장애물을 만났을 때다. 육상 경기가 그렇듯 장애물 앞에서 멈추거나 주저앉는다면 결코 결승점에 도달하지 못한다. 행복도 마찬가지다. 늘 행복을 느낄 만한 시점에서 장애물이 나타난다. 그것을 뛰어넘어야만 행복에 도달할 수 있다. 여기서 행복을 가로막는 장애물 9가지를 알아보자.

(1) **다른 사람의 생각을 너무 신경 쓰지 마라.** 자기 일은 자신이

하고, 자기 인생은 자신이 산다. 다른 사람의 평가에 너무 신경 쓰면 결국 아무것도 이루지 못한다.

(2) **모험을 두려워하지 마라.** 기회와 위험은 대부분 함께 온다. 위험을 피하려고 하다가 기회마저 잃지 마라. 회사에서 승진할 수 있음에도 승진 뒤 받게 될 엄청난 스트레스를 두려워해 기회를 잃고 만다. 얼마나 아쉬운 일인가.

(3) **쉬지 않고 일하는 기계가 되지 마라.** 일은 삶에 매우 중요하다. 하지만 일 중독이 되어서는 안 된다. 반드시 쉬어야 하고 일부러 시간을 내서 가족과 보내며 자신을 격려해야 한다. 양질의 쉼을 누리지 못한다면 정신은 매우 빨리 피폐해진다. 쉬어야 할 때는 쉬어라. 일의 성과로 자신을 지키고 개발해야 한다지만 쉬면서 재충전하면 높은 효과를 기대할 수 있다.

(4) **과거를 돌아보는 것을 멈추고 미래에 정신 팔리지 마라.** 카를 힐티Carl Hilty는 "모든 것은 이미 지나갔으니 그저 지나가게 두어라!"라고 말했다. 삶은 현재 일어나는 모든 순간에 있다. 그러니 절대 현재를 놓쳐서는 안 된다. 과거를 돌아보는 것은 그다지 아름다운 게 아니다. 과거의 잘못에 신경 쓰지 마라. 항상 과거에서 얽매어 살아간다면 앞으로 나아갈 수 없다. 미래를 동경하는 것 또한 안 된다. 미래의 일은 누구도 통제할 수 없다. 미래가 당신의 생각처럼 흘러가지 않을 때 혼란에 빠진다.

(5) 모든 것을 복잡하게 하지 마라. 누가 뭐래도 자신이 인생의 주인이다. 인생이 단순할지 복잡할지는 인생을 대하는 자신의 태도에 달렸다. 인생은 본래 매우 단순하다. 너무 복잡하게 살면 해결하기 어려운 일에 얽히고설키게 된다. 행복은 이런 방식으로 얻어지지 않는다.

(6) 좀 더 편안한 길을 찾지 마라. 삶은 가벼운 것이 아니다. 삶에서 무언가를 얻고 싶다면 노력을 쏟아부어야 한다. 마틴 루터 킹은 "첫발을 내딛을 때는 굳은 믿음이 있어야 한다. 모든 길을 제대로 보지 못하고 그저 쉽게 첫발을 내딛는 것은 안 된다."라고 말했다. 삶은 한 걸음 한 걸음 나아가는 과정이다. 결과가 아닌 과정이야말로 우리에게 기쁨을 느끼게 한다.

(7) 자기 생각과 내면의 감정을 통제하지 마라. 사람들은 생각을 읽는 것에 익숙지 않다. 도움을 청할 때 걱정하고 있는 것이 무엇인지 직접 드러내야 한다. 스스로 검열하고 통제하지 마라.

(8) 사소한 일을 요란스레 처리하지 마라. 어떤 일이 당신을 짜증나게 한다면 스스로에게 질문해보자. 일 년 뒤에도 이 일을 기억할까? 아니라는 결론에 이르면 그 일에 대해 걱정할 필요가 없다. 일 년 뒤 당신은 그 일로 당황했던 사실조차 잊고 있을 것이다. 시간이 지나면 해결될 일인데 미리 전전긍긍하고 확대해서 고통받을 이유가 없다.

(9) 자신을 고통스럽게 하는 일을 멈춰라. 성장하기 위해서는 자신을 가둔 틀을 벗어나야 한다. 모든 사람이 똑같은 기준으로 살아갈 수는 없다. 삶에도 변화가 있다. 기분이 오르내리기도 한다. 일이 술술 풀리기도 하지만 답답하게 꽉 막혀 있을 때도 있다. 기분이 최악일 때 답답한 일을 꺼내 들고 좌절하지 마라. 이는 자신을 괴롭히는 일이다. 행복의 장애물을 스스로 만드는 격이니 최대한 빨리 즐거운 일을 찾아 기분 전환을 해야 한다.

당신은 이 9가지 장애물을 만난 적이 있는가? 만났다면 몇 번째 장애물을 만났는가? 해결은 어떻게 했는가? 지금도 당신을 괴롭게 하는 것이 있는가? 어떤 방식으로 그걸 해결하려 하는가? 행복해야 한다면 반드시 그 과정에서 만나는 장애물들을 돌파하고 행복에 다다라야 한다.

22

오늘에 깃든 행복을 흡수하라

사람은 마음에 추억을 담고 미래의 희망도 새긴다. 추억은 사람을 차분하게 만들고 미래는 기대에 부풀게 한다. 하지만 추억과 미래 모두 현재를 기준으로 생성된다. 그러므로 현재라는 시점에 더 주안점을 두어야 한다.

오늘은 식물의 뿌리와 같다. 뿌리는 영양분을 흡수해 몸통과 가지, 잎과 열매를 자라게 한다. 하루만 사는 하루살이 식물도 아니고 한해살이 식물도 아니다. 태어나면서 싹을 틔우고 일평생 자라므로 일평생을 키워야 하는 식물이다. 당신이 살아 있는 지금 이전에도 존재했고, 오늘도 존재하며 앞으로도 존재한다는 뜻이다.

미래가 튼튼한지 열매가 탐스러울지는 주위로부터 어떤 영양분을 받으며 내적으로 얼마나 승화시키는지에 달려 있다.

우리가 현재 삶에서 느끼는 연애, 상처, 고통, 만족, 웃음은 모두 진실된 감정이다. 나이가 더해질수록 추억은 점점 더 많이 쌓인다. '추억'이라고 명명하지만 이 추억들은 현재가 만들어낸 결과물이다. 기억에 남는 장면, 되뇌이고 싶은 감정, 소중한 순간 등 현재가 일궈내는 일 중에 자신이 거르고 선택해 기억에 남긴 것들이다. 일반적으로 삶은 사랑, 애정, 우정 등 관계가 결합된 슬픔과 기쁨으로 이루어진다.

우리가 과거를 돌아볼 때 행복했는지 아닌지는 오늘의 삶과 비교를 통해 평가된다. 미래의 꿈도 오늘을 기반에 두고 있다. 만약 10년, 20년 뒤의 삶을 돌아볼 때도 여전히 그때의 지금을 토대로 판단할 것이다.

그래서 추억은 달콤함과 행복, 성취감으로 기억되는 경우가 많다. "잘 견뎠어.", "그때는 열정이 넘쳤지.", "아, 얼마나 진한 사랑이었는지."라는 말처럼 지나간 시간을 아쉬워하며 좋은 기억을 되새긴다. 회상하면서 감회에 젖거나 갑자기 슬픔을 느끼기도 한다. 추억은 아름답지만 현실은 녹록지 않기 때문이다.

과거의 영광과 미래에 펼쳐질 환희에서 벗어나자. 이것들은 현재 일어나는 일에 몰두하지 못하게 방해한다. 아름다운 추억으로 남기거나 꿈꾸는 미래에 한 발 다가서려면 현재 눈앞에 펼쳐진 다채로운 상황에 최선을 다해야 한다.

어느 날 플라톤이 스승 소크라테스에게 자기가 언제 가장 크게 성공할 수 있을지 물었다. 그러자 소크라테스는 밀밭 저쪽 끝에서 이쪽 끝까지 걸으라고 했다. 걷는 도중에 절대 뒤를 돌아보면 안 되고, 걸어오면서 가장 크고 좋은 밀 이삭 하나만 꺾어오라고 했다.

플라톤은 너무 쉬운 일이라며 자신만만하게 나섰다. 하지만 그는 빈손으로 돌아왔다.

"이삭들 대부분이 매우 크게 보였습니다. 그런데 딱 하나만 가지고 오라고 해서 속으로 계속 앞으로 가면 더 큰 이삭이 있을 거라 믿었습니다. 그렇게 끝까지 걸어왔는데 제 손을 보니 아무것도 없었습니다."

소크라테스가 이를 듣고 말했다.

"성공이 바로 이와 같다. 내일의 희망을 바라지 말고 현재에 집중해야 하는 이유이다."

사람들은 과거를 회상하고 미래를 마음껏 상상하기를 좋아한다. 선망받던 화려한 과거를 떠올리며 현재의 고통과 실패를 안타까워한다. 현재와는 전혀 다른 아름다운 미래를 그리며 환상에 빠져버린다. 어느 땐 존재 여부조차 알 수 없는 미래를 끝없이 걱정하며 우울해한다. 하지만 과거는 과거일 뿐이고, 미래는 아직 오지 않았다. 지금 당신에게는 오직 현재만 있을 뿐이다. 현재를 붙잡으라는 말은 만회할 수 없는 과거에 슬퍼할 필요가 없다는 의미이다. 저 멀리 있는 미래를 두고 비현실적인 생각을 할 필요가 없다. 꿈을 이루기 원하고 성공하기 원한다면 반드시 지금의 시간을 잘 살아내야 한다.

굽이굽이 흐르는 시냇물은 흘러 흘러 바다로 가는데 언제나 이곳으로 돌아올까? 기다리기만 한다면 그 결과는 어떨까? **그 누구도 시간이 흘러가는 것을 멈추게 할 수 없고, 누구도 더 젊어질 수도 없다. 우리는 과거로 돌아갈 수도 없고 미래를 결정할 수도 없다. 그러니 차라리 꽃과 같이 순수한 마음으로 찬란하게 빛나는 오늘을 소중히 여기자.** 물과 같은 부드러운 마음으로 아름다운 오늘을 살면, 나중에 나이가 들어 꽃이 시들 때에도 우리는 후회하지 않는다. 이미 삶에 희열이 깃들었기 때문이다.

23

이 순간을 잘 보내면 미래가 탐스러워진다

어렸을 적 꿈을 기억하고 있는가? 그중 진짜 이루어진 것은 무엇인가? 그것을 이루기 위해 얼마나 노력했는가? 누구나 알다시피 꿈은 현재를 제대로 살아가야 점점 실현된다. 따라서 **목표가 생겼으면 바로 행동을 개시해야 한다. 여건과 조건을 따지고 생각만 하다가 망설이거나 주저하며 시간만 보내서는 안 된다. 적극적인 행동 없이 입으로만 해서도 안 되며 성공의 길 위에 도사리는 수많은 위협과 고난 때문에 머뭇거려서도 안 된다.** 그렇게 되면 그 꿈은 비눗방울처럼 한순간만 반짝이고 영원히 사라져버린다. 더불어 아름다운 오늘까지 잃어버리게 된다. '내일은 또 올 거야.'라고 생각지 마라. 안일한 자에게는 미래가 영원히 오지 않는다.

지금이라는 길 위에서 열심히 도전하고 싸움을 해나가는 것만이 자신에게 안정감을 줄 수 있다. 자기 꿈을 이뤄나가는 일을 다른 사람에게 맡기지 마라. 주위 사람의 시선이나 입방아에도 개의치 말라. 당신을 향해 오는 미래는 오직 당신의 것이다. 자신이 해야 할 일을 잊지 말고, 자신이 가고 싶은 곳으로 걷기를 멈추지 마라. 거기까지 가는 것이 어렵고, 멀고, 불합리할지라도, 당신이 가는 길이기에 가치가 있다. 설령 실패해도 그 실패는 성공으로 가는 하나의 밑거름이 된다.

한 부부가 있었다. 그들은 신혼 때부터 노후를 걱정했다. 비슷한 또래의 사람들이 아이를 낳고 단란한 기쁨을 누리고 있을 때, 그들은 지금은 아이를 낳을 때가 아니라고 생각했다. 경제적 조건이 좋지 않은 집에서 아이를 낳는다는 건 부모로서 무책임한 행동이라고 여겼다.

그들은 돈을 더 벌고 모은 다음 집과 차를 마련한 뒤 아이를 낳자고 계획했다. 그러나 불행하게도 몇 년간의 고된 노동으로 부인에게 병이 생겼고, 이전에 모아둔 돈까지 모두 치료비로 써야 했다. 그때부터 우울함과 걱정은 오랫동안 그들의 마음을 옥죄었다.

이웃에는 다른 부부가 있었다. 이들은 결혼 당시 모아둔 돈이 없어서 작고 낡은 집에서 살았다. 하지만 그것만으로도 그들은 매우 만족했다. 아이를 가진 뒤에도 가정 형편은 여전히 곤란했지만 휴일마다 가족이 함께 여행을 다녔다. 기차를 탈 때면 가까운 거리라도 침대칸 티켓을 구매하고, 호텔에서 잘 때도 한 번도 싼 방에서 자지 않았다. 그들은 가끔이라도 아이가 쾌적한 삶을 누려야 한다고 말했다.

그들의 아이는 점점 성장했다. 아이는 그림에 재능이 있었다. 부부는 아이를 위해 유명한 미술 선생님을 불러 과외를 받게 했다. 아이는 성인이 되었고 예술 영역에서 점점 두각을 나타냈다. 그 아이는 해외로 유학 간 친구에게 편지를 썼다.

"우리 집은 비록 가난했지만, 나는 매일매일 매우 즐겁게 생활했어. 나는 어릴 때 기차 여행을 하고, 호텔에서 자던 날의 기쁨을 절대 잊지 못할 거야. 선생님의 도움을 받으며 처음 미술을 공부하던 날의 흥분은 더더욱 잊지 못해. 엄마 아빠에게 너무 감사해. 그분들 덕분에 내 인생이 이렇게 찬란해질 수 있었어!"

어떤 선택을 하든지 그 선택이 최상이라고 여기자. 마지못해 한 어쩔 수 없는 선택이라고 생각하면 그 순간 행복은 사라진다. 값싼 메뉴를 먹더라도 자신의 상황에서 최상의 조건을 선택했기에 만족도를 높일 수 있다. 시간이 많이 흐르고 당신이 과거를 회상할 때

스스로 자랑스럽다고 기억하게 된다.

시간은 사람이 사용할 수 있는 것 중 가장 값지고 가치 있는 것이다. 현재를 잘 붙잡고 잘 보낸다면 인생은 매우 아름다워진다. 하루를 잘 보낸다면 봄, 여름, 가을, 겨울은 매우 알록달록하게 물든다. 매 순간을 잘 보내고 열심히 살아간다면 탐스러운 미래가 보장된다.

누구나 자기 자신을 충분히 증명하고 싶어 한다. 꿈과 일치하는 인생을 살고자 한다. 그러나 바라는 것과 현실 사이에는 충돌이 있게 마련이다. 인생의 끝에 얻게 되는 것이 꼭 바라왔던 것이 아닐 수도 있다. 그것이 인생이다. 그러므로 멀리 있는 신기루를 바라보는 것보다 현재를 성실하게 살며 소박하지만 진실된 행복을 누리는 것이 현명하다.

24

완벽주의에서 자신을 해방시켜라

하버드대학 탈 벤 샤하르 교수는 행복의 이론적 모형을 소개했다. 완벽한 사람에게는 일을 처리하는 두 가지 방식이 있는데, 하나는 직선이고 다른 하나는 곡선의 나선형 방식이라고 했다. 둘 다 행복을 올리는 쪽으로 진행한다는 공통점이 있었다. 이 두 가지 모형의 시작점과 마치는 지점은 같지만 차이는 과정에 있었다.

어떤 이는 자기가 인생을 어떻게 살아갈지 열심히 고민하지 않는다. 되는 대로 닥치는 대로 일하며 맞닥뜨린 인생이 자신에게 주어진 인생이라 여기며 산다. 그래서 성공으로 나아가는 과정이 매우 고통스럽다. 하지만 어떤 사람은 성공을 향해 분투하는 과정을 설계하고 그 일을 실행해 나가는 것을 즐긴다. 바로 이 점이 두 부류의 차이다.

삶에 기복이 있는 것은 정상이다. 관건은 그 기복의 과정을 즐길 것인지, 마지못해 대처하고 받아들일 것인지에 있다. 그것이 결과보다 더 중요하다. 똑같은 결과를 얻는다고 가정했을 때 과정을 즐기면 매일 행복할 수 있다. 하지만 살기 위해 어쩔 수 없이 해야 하는 일로 받아들인다면 매일 불만을 터트리며 불행만 축적하게 된다. 그래서 원하는 결과를 성취하더라도 그 행복을 온전히 만끽하기 어렵다.

한 은행 투자가가 있었다. 그는 대학 시절부터 열심히 공부했고, 졸업할 때에도 우수한 성적으로 기업에 입사했다. 몇 년 동안 일하다가 친구들과 함께 자기 회사를 차렸다. 이 투자자의 특징은 일을 즐기며 한다는 것이다. 그의 말에는 엄청난 설득력과 호소력이 있었다. 그는 매일 일을 기꺼운 마음으로 대했으므로 오랜 시간 일을 해도 피곤해하지 않았다. 모두가 선망하는 완벽한 인생을 추구하는 모범적인 인물이었다.

반면, 영국의 철학자 새뮤얼은 대단한 완벽주의자였다. 그는 글을 쓰면서 완벽주의 때문에 고통스러워했다. 글을 쓰는 게 매우 중요한 일임을 잘 알아서, 자신이 좋은 글을 쓰지 못할까 봐 글을 쓸 때마다 근심에 빠졌다. 결국 그는 좋은 글을 쓰지 못하게 되었으며 글에 대한 비판과 반론이 쏟아졌다. 새뮤얼은 '대작은 내 최후의 날에 쓰겠다. 지금 쓰는 글들은 모두 초고일 뿐이다.'라며 글에 대한 부담감을 내려놓았다. 이러한 마음가짐은 그를 자유롭게 했다. 이제 그는 좋은 글을 써내지 못할까 걱정할 필요가 없어졌다. 그 후 그가 남긴 수많은 작품은 후대에 엄청난 영향력을 끼쳤으며 화려한 문체의 글로 찬사를 받았다. 새뮤얼은 글쓰기 전에 그저 '초고'를 쓰는 것이라 여겼다. 초고는 수정을 거듭해야 글이 완성되는 과정의 시작이어서 자기 생각대로 자연스럽게 써나갈 수 있었다. 생각을 바꿈으로써 글을 쓰는 압박감에서 해방된 것이다.

'좋아. 이 일을 완벽해지는 하나의 과정으로 생각하자!'라는 생각은 행복의 '독보적인 비결'이다. 행복을 추구하는 과정에서 좌절과 실패를 맞닥뜨린다. 당신이 완벽주의를 추구하는 사람이라면 과정을 누리는 것을 잊지 마라. 이 과정을 걸어가는 것은 실패했거나 넘어졌던 기억을 지우고 즐기는 일이다.

과거 일들에 발목 잡혀 불안에 떨거나 아직 결과를 얻지 못했다고 전전긍긍한다면 행복의 지름길을 놓치고 오히려 돌아가게 된다. '결과에 대한 칭찬'에 집착하다 보면 그 과정이 얼마나 귀한지 칭찬하는 것을 잊어버린다. 실제로 그 일이 어떤 결과를 가져오든 모든 일의 도전과 노력은 다 좋은 시도이다.

당신 계획과 목표의 결과는 지금 하는 일이 빚어낸 성과이다. 멀리서 반짝이는 결과에 현혹돼 오늘의 즐거움, 지금의 보람, 현재의 기쁨을 무시한다면 결과는 달라진다. 원하는 목표를 이루더라도 과정을 즐기면서 행복과 기쁨을 누린 적이 없기에 성과라는 빛의 찬란함을 보지 못한다. 오히려 고작 이 정도를 위해 그토록 힘든 과정을 겪어내고 감당했는지 자괴감이 들 뿐이다. 그간의 축적된 불안과 불만, 고통이 밀고 올라와 결과의 영광을 가리고 덮어버리기 때문이다. 과정을 즐길 줄 알아야 성과를 이룬 보람도 커진다.

25

사소한 일들을 모아
행복의 물줄기를 만든다

탈 벤 샤하르는 목표를 향한 과정을 즐기는 '3P 조절법'이라는 하나의 방법을 소개했다.

(1) 자신 받아들이기 Permission to be human

하는 일에 시련이 닥쳤을 때나 괴로울 때 가장 처음 해야 하는 것은 자신을 받아들이고, 그 정서를 인정하는 것이다. 고난을 인정하고 현실을 받아들여야 한다.

(2) 긍정적 시각으로 바라보기 Positive

상황이 얼마나 참담하든지 그 일의 긍정적인 면이 무엇인지, 성장을 돕는 점은 무엇인지 생각해봐야 한다. 실패 속에 빛나는 부분을 봐야 한다. 만약 매우 괴로운 단계를 겪고 있다면 스스로 '맞아, 이건 내 성장을 돕는 중요한 도구야. 이건 내 자신을 이해하고 다른 사람을 이해하는 걸 돕고, 앞으로의 발전에 더 유익할 거야.' 라고 말하라.

괴로운 일을 털어내는 법을 배워야 한다. 부정적인 생각이나 감정이 들 때 어떤 방식으로든 이 생각을 멈추게 해야 한다. 음악 듣기, 조깅, 상담이나 대화, 운동을 통해 집중하는 생각에서 벗어나야 한다.

'그래 좋아. 이제 더는 생각지 말자. 쓸모없는 걱정에 에너지를 낭비하지 말자. 더 생각한다고 좋은 방향이 보이는 것도 아니다. 이렇게 생각한다고 일이 해결되는 것도 아니다. 가서 다른 일이나 해야겠다. 음악을 들을까 아니면 조깅을 할까?'

털어내기는 회피와 완전히 다르다. 문제를 긍정적으로 바라보는 시각의 전환이다.

(3) 올바른 관점을 갖기taking perspective

《작은 일에 걱정하지 마라_모든 일은 작은 일이다》라는 책에서는 일상생활에서 만나는 대부분의 일은 작은 일이며, 누구도 작은 일 때문에 걱정할 필요가 없다고 말한다. 일이 뜻대로 되지 않을 때면 '이 일로 속상해할 가치가 있을까?'라고 자신에게 물어보자. 대부분의 대답은 가치가 없다는 결론이 난다. 그러므로 그 어떤 일도 당신의 활기를 뺏을 수는 없다.

탈 벤 샤하르는 자신이 '3P 조절법'을 어떻게 사용했는지 설명했다. 개강하고 얼마 되지 않았을 때 딸을 어린이집에 데려다주고 강의를 가야 하는데 차가 막혀서 아무리 빨리 간다 해도 제시간에 도착하기가 어려웠다. 지금까지 단 한 번도 강의에 늦어본 적이 없는 그는 불안해지기 시작했다. 강의 전에 교안教案을 다시 복습할 시간이 없다고 생각하니 스트레스가 몰려왔다. 이때 그는 '3P 조절법'을 사용했다.

첫째 P : 자신을 받아들이며 이렇게 되뇌었다.

내가 아무리 긍정심리학 교수라고 해도 불안과 스트레스를 느낄 수 있다.

둘째 P : 현실을 긍정적으로 바라본다.

이 강의를 시작한 지 이제 2주밖에 되지 않았고 모든 것이 제대로 진행되고 있다. 그러므로 어떨 때 일이 생겨서 조금 미뤄질 수도 있는 거다. 그러나 반복되어서는 안 된다. 내가 하는 일을 간소화할 방법을 생각해야겠다. 더 많은 일을 하는 게 아니라 더 적은 일을 해야 한다. 이를 생각해볼 수 있었던 계기가 있었다는 건 큰 수확이다. 학생들에게 얘기해줄 3P 조절법을 어떻게 응용할지와 관련된 예시가 하나 더 생긴 것도 좋다.

셋째 P : 올바른 관점을 갖는다.

1년 뒤 시간을 조절하지 못한 이 일이 나에게 있어 매우 중요할까? 매일 늦는 것도 아니고 그저 강의 전에 교안 한 번 못 본 거뿐이다. 그래서 원래 95%의 효과를 낼 수업에서 90%의 효과만 낸 것이 그렇게 중요한 것일까? 당연히 아니다. 마음이 진정되자 그는 매우 개운해졌고 편안해졌다.

이 기술은 매우 간단하고 빠르게 적용할 수 있어서 효과는 크게 나타난다. 세월이라는 긴 강물에서 보면 우리가 지금 하는 모든 일은 아주 작고 보잘것없다. 그렇지만 거듭하며 살아가는 삶의 사소한 일들이 모여 행복이라는 물줄기를 만든다. 이 과정을 심혈을 기울여서 느끼고, 성실히 대해야 한다. **매일의 작은 일들이 행복한 삶의 중요한 구성 요소이며 행복의 진리이다.**

26

지금부터 당당하게 되고 싶은 사람이 되어라

과거는 이미 지나갔다. 타임머신을 타고 과거로 돌아가 역사를 바꿀 수도 없다. 과거를 후회하고 원망한들 아무 의미가 없다. 차라리 과거의 경험에서 얻은 교훈을 정리하자. 인상 깊은 과거를 회상하며 이전의 자신의 행동, 관점, 견해 등을 떠올리고 현재에 대입하는 것이다. 잠재의식 속 '과거'를 '현재'와 비교하며 그 사이에 있는 차이를 관찰하자. 지금 필요한 감정과 의견을 정리하면 깊이 있는 의견을 갖게 될 것이다.

어떤 상황이나 조건에서도 객관적인 마음가짐으로 세상과 인생, 삶과 일을 대해야 한다. 중압감과 걱정을 벗어 던지자. 고통에서 기쁨을 찾아내고 역경에서 기회를 발견해야 한다. 실패에서 희망을 보며 자기운명을 장악해야 일과 재물, 건강, 행복, 성공을 얻을 수 있다.

포너의 기억 속 하늘은 회색빛이다. 사생아로 태어난 그녀는 주변으로부터 많은 모욕을 당했다. 선생님과 친구들의 냉대와 경시하는 눈빛은 그녀를 열등감으로 몰아넣었다. 그녀는 점점 더 마음을 닫기 시작했고 현실에서 도피하며 주변 사람들과 어울리지 않았다.

그녀가 13살이 됐을 때 마을에 새로운 목사가 왔다. 주일마다 마을 사람들은 가족과 함께 교회에 가서 목사의 말씀을 들었다. 교회에서 나오는 사람들의 얼굴에는 기쁨이 가득해보였다. 하지만 포너는 조용히 숨어서 교회 안이 얼마나 예쁠지만 상상했다. 그녀는 스스로 교회에 들어갈 자격이 없다고 생각했다. 어느 날 그녀는 용기를 냈다. 조심스럽게 교회 안에 들어가 제일 끝자리에 앉아서 목사의 설교를 들었다.

"과거는 미래와 다릅니다. 과거의 성공이 미래의 성공을 보장하지 않습니다. 과거의 실패 또한 당신 미래의 실패를 나타내지 않습니다. 과거의 성공과 실패는 그저 과거를 나타내는 것입니다. 미래는 현재의 행동에 따라 결정되는 것입니다. 현재 무엇을 하는지, 어떤 선택을 하는지가 미래를 결정하는 것입니다. 실패한 사람들은 낙심하지 마십시오. 성공한 사람들은 교만하지 마십시오. 성공과 실패는 모두 최종적인 결과가 아닙니다. 그것은 그저 인생의 과정 중에 겪는 하나의 사건일 뿐입니다. 따라서 이 세상에는 영원히 성공할 사람도 없고 영원히 실패할 사람도 없습니다."

이 설교는 포너에게 한 줄기 빛이 되었다. 이후 그녀는 주일마다 몰래 교회에 들어가 말씀을 들었고, 다른 사람에게 들킬까 봐 매번 예배가 끝나기 전에 조심스레 나왔다. 그러던 어느 날 그녀는 설교에 너무 집중한 나머지 예배가 끝나기 전에 교회를 빠져나오는 걸 까먹었다. 교회를 나서는 사람들 틈에서 목사가 물었다.

"너는 어디 사는 누구지?"

포너는 당황스러워 두 눈엔 눈물이 그렁그렁 맺혔다. 목사는 그녀의 머리를 쓰다듬으며 말했다.

"아, 알았다. 나는 네가 누구 집 아이인지 알겠구나. 너는 하나님의 자녀로구나. 여기에 모든 사람은 너와 같이 하나님의 자녀란다. 과거는 미래와 다르지. 네가 과거에 얼마나 불행했는지는 전혀 중요하지 않단다. 중요한 것은 네가 미래의 희망을 보는 거야. 이제 결정하렴. 네가 되고 싶은 사람이 되는 거야. 인생에서 가장 중요한 것은 네가 어디서 왔는지가 아니라 네가 어디로 가려고 하느냐는 거야. 네가 희망을 갖는다면 힘이 생길 거야. 네 과거가 어떻든지 간에 그건 이미 과거가 되어버렸어. 너는 이제부터 마음을 잘 추스르고, 목표를 명확히 하고, 낙관적이고 긍정적으로 행동에 옮기면 된단다. 그럼 성공은 네 것이 될 거야."

포너는 감격을 이기지 못하고 눈물을 하염없이 흘렸다. 그날 이후로 포너의 인생은 완전히 변했다. 그녀는 열등감에서 벗어났고, 자신의 신분을 신경 쓰지 않았다. 40세가 되었을 때 그녀는 테네시 주의 주지사가 되었고, 이후엔 정치에서 물러나 사업을 시작해 대형 글로벌 기업의 CEO가 되었다. 67세가 되었을 때 그녀는 회고록 속표지에 목사의 말을 적었다.

"미래는 과거와 같지 않다. 지금부터 당당하게 자신이 되고 싶은 그 사람이 되어라!"

27

당신은 자기 인생의 연출가이자 주연배우다

인생이 한 편의 연극이라면, 우리는 자기 인생이 서사시 같은 대작이길 원한다. 웅장하며, 해피앤딩으로 마무리되는 인생이길 바라는 것이다. 그러나 인생은 리허설이 있는 연극처럼 NG를 외칠 수 없는 실전 무대이다. 자신이 감독과 주연도 하는, 그래서 모든 책임이 자신에게 주어지는 역할을 담당하고 있다. 자기 운명이 다할 때까지 이 생방송은 절대 쉬지 못한다. 태어나는 순간부터 시작된 드라마는 주어진 대본이 없으므로 좋든 나쁘든 감당해야 하고, 연기를 잘하든 못 하든 관계없이 절대 수정이 불가능하다.

그런데 사람은 살면서 잘못을 저지르는 일이 더 많다. 인간관계나 업무, 책임, 역할에서 잘하고 싶다는 마음과 달리 실수로 점철된 하루를 살기도 한다. 뿌듯함은 날아가고 후회와 낙담, 좌절이 그 자리를 채운다. 그래서 '이럴 줄 알았다면.'이라는 말을 입버릇처럼 달고 산다. 자신이 실수를 저지른 일이 아니고 다른 일을 했다면 승승장구하고 자신의 능력을 발휘해 타의 추종을 불허하는 능력자가 되었을 것이라는 상상도 한다. 하지만 가지 않은 길에 대한 미련이고 돌이키기 불가능해서 내뱉는 무책임한 말이다. 어디서 무엇을 하든 실수는 발생한다. 이를 책임지는 일이 더 현명하다. 이미 벌어진 잘못을 되돌릴 방법은 없다. 깨끗이 인정하고 새로운 다짐을 하는 편이 옳다.

한 유명한 정신과의사가 대학에서 강연을 했다.

"사람들은 정신질환에는 엄청나게 많은 유형과 치료 약이 있고, 관련된 연구도 많다고 생각합니다. 하지만 제가 40년 동안 이 분야에서 일한 경험에 의하면, 정신질환은 그렇게 복잡하고 다양하지 않았습니다. 저는 정신질환에 대해 단 한 문장으로 모든 걸 표현할 수 있습니다. 여러분 한번 생각해보세요. 어떤 문장일까요?"

학생들은 웅성대기 시작했다. 그러나 쉽게 답을 찾지 못했다. 의사는 천천히 말했다.

"그 문장은 바로 '이럴 줄 알았다면'입니다. 제가 개설한 우울

증 치료 과정에서 사람들에게 가장 많이 듣는 말입니다. '이럴 줄 알았다면 좀 더 열심히 공부해서 가고 싶은 대학에 갈걸.', '이럴 줄 알았다면 일하는 시간을 줄이고 가족을 더 사랑할걸.' 하지만 안타까운 것은 그 누구도 미래에 일어날 일을 예측할 수 없다는 것입니다. 인생에 '이럴 줄 알았다면'은 절대 있을 수 없습니다. '이럴 줄 알았다면'이 사람을 미치게 하며, 정신질환은 바로 이 간단한 문장에서 시작됩니다."

영국의 시인인 셸리는 "만약 잘못을 통해 깨달음을 얻었다면, 당신은 그 잘못으로 인해 후회할 필요가 없다."라고 말했다. 그는 또 "과거는 이미 죽었다. 미래만이 자신의 것이다."라고도 말했다.

과거는 바꿀 수 없고 우리에게는 두 가지 선택이 있다. 하나는 과거의 경험에 걸려 넘어져서 '이럴 줄 알았다면'이라고 후회하며 사는 것이고, 다른 하나는 용감하게 사실을 받아들이고 오늘을 잘 살아가는 것이다. 어느 것이 맞고 틀리든 우리는 이것을 마음 깊이 새겨서, 내일을 살아가는 데 참고하고 인생의 나침반이 되게 해야 한다. 내일은 잘못된 길을 걷지 않고, 인생에 오점을 남기지 않고 후회를 줄여나가야 미래가 보인다.

'이럴 줄 알았더라면'이라 하며 탄식할 필요가 없다. 미래를 욕심 내지 않으면 너그러운 것이고, 과거를 묻지 않는 것은 지혜로운 것이다. 과거로 돌아가서 자기가 한 잘못을 고칠 수는 없다. 우리가 바꿀 수 있는 유일한 것은 현재를 사는 마음가짐이다. 후회하고 고통에 젖어 있는 것은 아무 쓸모가 없다. '과거'라는 짐을 멘 사람은 절대로 먼 길을 갈 수 없다. 고통을 잊는 데는 용기가 필요하다. 현재를 소중히 여기는 것은 지혜로운 자가 도전하는 것이고, 용감한 자가 꿈꾸는 것이다.

28

오늘을 감당해야 내일이 온다

행복으로 향하는 길은 여러 갈래이다. 자신이 어떤 길을 선택하든 스스로에게 용기를 주어야 한다. 어떤 환경에도 포기하지 않도록 자신을 이끄는 것이 중요하다. 운명이라는 현악기의 줄 하나가 끊기더라도 다른 줄을 사용해서 아름다운 곡을 연주할 수 있도록 자신을 유도하는 방법을 터득해야 한다.

인생은 매우 빠르게 흘러간다. 그러므로 지난 일에 얽매일 필요는 전혀 없다. 얻지 못한 것은 인연이 아니다. 앞으로 나아갈수록 당신은 더 좋은 기회, 더 나은 결과를 얻을 것이다. 지금 하지 못한 것은 때가 아직 오지 않았음이다. 시간엔 한계가 있고, 이치에 맞는 것이면 저절로 그렇게 된다. 후회하는 일이 발생하는 것은 행복으로 향하는 길을 더 풍성하고 다채롭게 만든다.

자신이 걸어온 길에서 겪은 어려움과 좌절은 삶에 가치를 더한다. 거기서 얻은 깨달음은 마음에 새겨져서 형언할 수 없는 아름다움으로 승화될 수 있다. 대만 작가 치쥔琦君은 "눈물을 많이 흘려본 눈일수록 맑고, 걱정과 근심을 간직하고 있는 마음일수록 따뜻하다."라고 말했다.

학대당한 여성을 보호해주는 한 기관이 있었다. 이 기관을 세운 사람 역시 어릴 적에 새아버지에게 폭력을 당했는데, 학교 선생님에게 발견되어 그 악행에서 벗어날 수 있었다. 그녀는 그 뒤로도 오랜 시간 끔찍한 과거의 기억에 갇혀 지냈다. 그녀는 어느 인터뷰에서 견디기 어려웠던 과거에 대해 어떻게 생각하느냐는 질문을 받았다.

"저는 제게 이런 시련의 경험을 주신 신께 감사합니다. 힘들었던 시련이 있었기에 저는 엄청난 용기를 갖게 되었습니다. 그러한 경험을 통해 저는 학대받는 여성들과 공감대를 형성할 수 있게 되었습니다. 또한 많은 사람을 도울 수 있게 되었습니다. 이렇게도 말할 수 있겠네요. 그 과거가 지금의 저를 만들었습니다."

어느 만담꾼은 자신의 성공담을 얘기할 때, 고통과 어려움에 의해 세워진 인생이라고 말한다. 이 기관의 설립자도 마찬가지다.

만약 그러한 과거가 없었다면 그녀는 학대받은 여성들과 같은 감정을 느낄 수 없었을 것이고, 그 일을 할 수도 없었을 것이다.

복과 재난은 함께 있다. 쓰라린 교훈을 받았다면, 그저 마음 아프다고 무작정 웅크린 채 문을 걸어 잠그지 마라. 그럴수록 바로 서고 당당히 문을 열어 바람과 햇빛을 고스란히 받아야 한다. 지금 벌어진 일을 감당해야 내일이 깃든다.

어쩌면 당신도 젊은 날에 뜻을 이루지 못할 수 있고, 머지않아 불행하고 힘겨운 운명 앞에 설 수도 있다. 하지만 이런 불행을 겪음으로써 행복이 얼마나 귀중한 것인지 깨닫는다. 거기에서 오는 후회와 뉘우침이 쌓이면서 성공하는 게 얼마나 어려운 것인지 알게 된다. 그렇기에 어렵게 성공하면 자만할 수 없고 안하무인의 태도를 갖지 못한다.

과거를 돌아보면 한 장면 한 장면이 모두 영화처럼 느껴진다. 언제 어디서 반전될지 예측할 수도 없고, 어느 때는 매우 황당하고 웃긴다. 그토록 아등바등 살았는데 지나고 보니 한 편의 에피소드에 지나지 않는다. 왜 그때는 그렇게 절망하고 무기력했는지, 삶에 한 줄기 빛도 없다고 느꼈는지 그 이유를 알 수 없다. 지금은 이토록 잘 살고 있는데 말이다.

삶은 매우 유머러스한 장난꾸러기다. 과거의 잘못을 마주했을 때 한숨을 쉬는 것보다 가볍게 웃고 넘기는 것이 좋다. 지금 잘못을 했어도 후회할 게 아니라 낙관적으로 앞을 향해 가야 한다. 지금의 자신을 미래의 당신이 비웃지 못하게 하는 것이다.

"삶이 그대를 속일지라도 슬퍼하거나 노하지 마라."는 푸시킨의 시는 "모든 것은 순간적이고 지나가는 것은 훗날 소중하다."라는 의미를 담고 있다. 지나온 삶에서 알 수 있듯 인생은 아주 정직하게 원하는 대로 펼쳐지지 않는다. 이는 누구의 삶에 대입하건 마찬가지다. 누구나 단 한 번뿐인 인생을 근사하게 살고 싶어 한다. 하지만 인생에서 퍼펙트는 없고, 삶의 도처에 아쉬움이 서려 있다. 이것이야말로 진정한 인생이다.

뒤집어 생각하면 인생은 아쉬움이 있기에 아름답다. 헤어짐이 있어야 눈물겨운 재회가 있을 수 있고, 실패의 고통이 있어야 성공의 발판을 닦을 수 있다. 어려움이 있어야 무언가를 얻은 그 가치를 알게 된다. 그러니 지금 걷고 있는 울퉁불퉁한 길을 매력적으로 여기길 바란다. 지나고 돌아보면 그보다 아름다운 길은 없다.

PART 3

행복의 의미를 찾아서

THE SECRET OF HAPPINESS

사람들은 행복에 열광한다. 거시적인 인생의 목표를 '행복'에 둘만큼 간절히 소망한다. 그러나 "행복이 무엇입니까?"라는 질문에는 막연하다. 정답을 찾자니 추상적이며 모호하다. 간단히 설명하자니 그 범위가 너무 넓다. 행복의 느낌과 감흥도 사람마다 제각각 나타나기에 고개만 갸우뚱거린다. 대체 행복이란 무엇일까? 행복의 의미를 찾아 떠나보자.

29

곁에 있는 행복을 보라

"행복하십니까?"라는 이 질문에 선뜻 그렇다고 대답할 사람은 몇이나 될까? 행복한 것 같지만 돈이 더 많아야 할 것 같고 지위도 더 올라가야 할 것 같다. 좋은 옷과 넓은 집을 소유하지 못했고 꿈을 이루지 못했으며 사랑은 식었고 자신감도 잃었다. 현대인의 대부분이 그렇게 느낀다. 실제로 무작위 100명에게 "지금 행복한가?"라고 물었더니 90%는 불행하다고 여겼고, 고작 10%만이 행복하다고 응답했다. 행복하다고 응답한 10%도 대부분 65세 이상의 노인들이었다.

이에 반해 인생의 궁극적인 목표를 물으면 대답은 하나로 모아진다. '행복'이다. 남녀노소 불문하고 여기에 이의를 제기할 사람은 없다. 그렇다면 우리는 왜 행복하다고 말하는 데 주저할까? 행복을 위해 열심히 살지만, 오히려 행복을 잃어버리는 삶을 사는 것은 아닐까? 이 시점에서 우리는 무엇이 진정한 행복을 주는지 고민해봐야 한다.

목표만 보고 달리다가 아름다운 풍경을 감상하는 기회를 놓쳐서는 안 된다. 목표는 또 다른 목표를 제시할 뿐 행복을 가져다주지 않는다. 행복의 찰나를 지나치면 그 감흥은 연기처럼 사라진다. 기억하고 되새기겠노라 다짐하더라도 그 감흥을 되살리기는 어렵다.

흔들의자에 앉아 노래를 흥얼거거리는 노인이 되었을 때에야 같이 어깨를 마주할 사람이 있다는 것, 꽃이 피고 지는 모습을 볼 수 있다는 것, 해가 뜨고 지는 풍경을 보는 것이 가장 행복한 것임을 깨닫는다. 이렇듯 행복은 늘 곁에 있지만 먼저 모습을 드러내지 않고 아는 척해주어야 비로소 자기 존재를 가감 없이 드러낸다.

샤오시아에겐 샤오메이라는 친구가 있었다. 샤오메이는 어린 나이에 학교를 그만두고 돈 많은 사업가와 결혼했다. 결혼 후 그녀는 매일같이 쇼핑이나 사교모임 등을 즐기며 지냈다. 샤오시아의 눈에는 샤오메이의 삶이 더할 나위 없이 행복해보였다. 샤오메이가 부러웠던 그녀는 돈 많은 부자를 만나 결혼하는 게 꿈이었다.

그러던 어느 날 샤오시아는 백화점에서 샤오메이의 남편이 어떤 여성과 매우 다정한 연인처럼 꼭 껴안고 함께 쇼핑하는 모습을 목격하게 되었다. 충격을 받은 샤오시아가 샤오메이에게 그 사실을 알려주었다. 하지만 그녀는 아무 일도 아니라는 듯 무심하게 대답했다.

"난 이미 그 사실을 알고 있어. 다른 사람의 눈에 내 삶이 매우 풍족하고 행복해보이겠지만, 실상은 그와 반대야. 얼마나 많은 눈물을 흘리며 사는지는 나만이 알아."

샤오메이는 아무도 모르게 숨죽이는 삶을 살고 있다고 고백했다.

그 모습을 본 샤오시아는 부자에 대한 환상을 날려버렸다. 부자보다는 자신을 진심으로 사랑하고 아껴주는 성실한 사람과 결혼해야겠다고 생각을 바꾸었다.

행복이라고 단정했던 것들이 무너지는 순간이 있다. 그때마다 '행복'이라는 단어를 다시금 일깨운다. 그리고 주위에 깃든 소소한 만족에 감사하며 행복을 보게 된다.

의외로 행복이라고 여기는 요소는 획일화되어 있다. 돈 많고, 미래 걱정이 없고, 사고 싶은 게 있으면 사고, 여행 가고 싶으면 여행 가고, 먹고 싶은 게 있으면 먹는 것이다. 이 모든 것이 충족되면 백만금이 부럽지 않을 만큼 행복하다고 믿는다.

반면에 사람들은 이 중 하나라도 불만족스러운 것이 생기면 불행하다고 단정한다. 만 가지 행복이 한 가지 불행을 이겨내지 못한다. 기대에 미치지 못하는 만족도 마찬가지다. 고급 음식점에서 스테이크를 먹고 싶은데 집에서 고기를 구워 먹는 현실에 좌절하고, 직장에 다니고 있지만 월급이 적다는 불평을 쏟아낸다. 자기 집을 소유했지만 인테리어가 맘에 들지 않는다며 투덜댄다.

이러한 유형의 사람들은 자신의 주변을 맴도는 행복을 보지 못해서 생기는 불평이다. 불행의 요인만 콕콕 집어내 자신이 행복하지 않다는 근거로 사용한다. 그렇게 해서 현실이 나아진다면 그 불만을 응원하고 지지하겠다. 하지만 절대 좋아지지도 않고 나아지지도 않는다. 그저 괴로운 현실만 자각될 뿐이다. 그렇다면 굳이 긁어 부스럼 낼 이유가 없다. 불만은 덮고 행복한 이유를 찾아보자.

프랑스의 과학자 베르나르 퐁트넬Bernard Le Bovier de Fontenelle은 "행복의 가장 큰 적은 너무 많은 행복을 기대하는 마음이다."라고 했다. 행복하고 싶은 욕구가 기대를 부르고 충분히 행복함에도 자신이 바라는 행복이 채워지지 않았다고 여긴다.

살아 있음이 행복이고, 일할 수 있음이 행복이다. 바람 부니 옷

잘 챙겨 입으라고 말해주는 사람이 있으니 행복하고, 잠을 푹 잘 수 있는 것도 행복이다. 어디론가 훌쩍 떠나고 싶을 때 같이 갈 친구가 있는 것도 행복이며, 조용히 책을 읽을 수 있는 마음과 시간이 있는 것도 행복이다. 소중한 감정과 추억이 담긴 물건을 간직할 수 있는 것도 행복이다.

이 모든 행복은 오직 마음으로 느낄 수 있다. 매순간 행복의 참맛을 음미해야 한다. 행복은 기준을 제시할 수 없고 행복의 가치는 측정이 불가하다. 지금 피식 웃는 웃음에 주체할 수 없는 행복이 머문다. 그 순간을 놓치지 마라. 당신에게 함유된 행복의 함량은 지금도 충분하다.

30

행복의 기준은 무엇인가

자신이 가진 돈은 무엇을 상징할까? 성공의 척도? 사회적 위치? 권력? 명예? 행복? 누구도 이에 명확한 답을 제시하지 못한다. 상황이 이러한 데도 돈을 얼마만큼 가졌느냐, 그가 누리는 부의 정도가 얼마나 크냐에 따라 성공 여부를 판단한다. 돈은 힘과 명예뿐 아니라 행복까지 엿본다.

이런 의식의 흐름을 비난할 생각은 없다. 현대 사회에서 성공의 대명사는 '자산' 즉 돈이라는 사실을 누구도 부인하지 못한다. 그렇다면 현대는 정말 돈이 성공의 기준일까?

돈은 성공과 자아실현에 원동력이 되기도 한다. 창업자금, 학자금, 학원비, 주택자금에 사용되며 혼자 설 수 있는 자금이 된다.

이렇게 유용하게 쓰이는 돈이지만 **'돈' 자체를 인생의 목표로 삼는다면 더 웅장하고 창대한 삶을 살지 못한다. 돈은 우리 인생을 가꾸는 도구일 뿐이다. 목표를 향해 가는 데 필요한 도구에 불과하다.** 전방위적인 삶에서 하나의 도구에만 집착하면 난관에 부딪힌다. 그 도구(돈)의 영향력이 미치지 못하는 영역에서는 맥없이 무너질 수밖에 없다. 도구(돈)를 탓하며 자포자기하고 스스로 주저앉을 수는 없지 않은가? 맹목적으로 더 많은 돈을 벌고자 덤빈다면 진정한 성공과 자아실현의 본래 의미는 퇴색한다. 장담컨대 돈을 유일한 목표로 삼는다면 자아 성장의 기회마저 잃어버릴 수 있다. 자기 삶의 목표와 희망을 돈과 바꿔치기 할 수는 없다.

4명의 상인과 심부름꾼 소년이 사막을 지나가다 모래폭풍을 만났다. 물과 식량을 짊어진 5마리의 말도 사라져버렸다. 그들은 배가 고프고 목이 말라 힘없이 모래언덕 위에 누워 바짝바짝 타들어가는 목소리로 "물!"이라고 외쳤다. 그런데 그들 중 뚱뚱한 상인이 500리터의 물을 갖고 있었다. 그 물은 딱 한 사람만 사막을 건널 수 있는 양이었다. 세 명의 상인은 모두 뚱뚱한 상인에게 물을 사고 싶다는 눈빛을 보냈다.

마른 상인은 먼저 금화 10개를 내밀었다. 다른 상인은 곧바로 그보다 가격을 높게 불렀고, 이 물 한 병 값은 금세 금화 100개로 올랐다. 뚱뚱한 상인은 어이없어했다.

"이 물을 마시는 사람만 사막을 나갈 수 있는데, 이 물을 당신들에게 파는 것이 나한테 무슨 소용이 있겠소? 지금 상황에서는 돈이 아무런 능력도 발휘할 수 없지 않소!"

세 명의 상인들은 할 말을 잃었다. 그러더니 서로 싸우기 시작했다. 그들은 칼과 힘으로 상대방을 제압하며 이 물을 뺏으려 했다. 오랜 사투 끝에 그들 모두 피투성이가 되어 쓰러졌다. 물은 자연스레 심부름꾼 소년에게 돌아갔다. 소년은 땅에 흩뿌려진 금화는 아랑곳하지 않고 물병만 집어 들었다. 그는 알고 있었다. 금화 한 닢을 줍기 시작했다가는 멈추지 못한다는 것을. 또 몸이 무거워지면 물을 얻고서도 살아서 사막을 빠져나갈 수 없다는 것을!

33살에 철강 회사를 설립한 카네기는 "인생에는 반드시 목표가 있어야 한다. 돈을 벌려는 목표는 가장 나쁜 목표다. 그러나 그보다 더 나쁜 것은 이루고자 하는 목표가 없는 것이다!"라고 말했다. 여기에 덧붙여 다섯 가지 장기적인 투자를 제안했다.

첫째는 몸을 위해 투자하라, 더 건강하게 될 것이다.

둘째는 사회적 교류를 위해 투자하라, 인맥을 더 넓혀줄 것이다.

셋째는 배움에 투자하라, 더욱 자신감이 넘칠 것이다.

넷째는 여행에 투자하라, 견문이 넓어질 것이다.

마지막은 미래에 대해 투자하라, 수익이 늘어날 것이다.

이 제안을 의미 있게 받아들이면 달라진 인생을 경험하게 된다고 확신했다. 경험이 주는 자부심과 긍지를 마음에 다지는 것이다. 이로 인해 다양한 것을 성취할 수 있다.

31

자기 신념에서 행복이 피어난다

'행동 가치관'이라는 말이 있다. 마틴 셀리그만과 크리스 피터슨이 공동으로 제시한 개념으로 어떤 행동을 할 때 투영되는 성격, 도덕관, 가치관을 의미한다. 의식적으로든 무의식적으로든 행하는 일거수일투족에 내재된 자기 삶의 방식이자 관점이다. 이것은 자신이 추진하는 계획이나 목표의 바탕이 된다.

사람은 자기가 추구하는 목표를 설정한다. 좋아하는 일, 하고 싶은 분야, 흥미를 느끼는 일이나 이상과 가치관이 일치하는 종목에서 계획하고 꿈을 설계한다. 미술을 좋아하는 사람은 디자인이나 회화 작품으로 대중과 소통하기를 원한다. 봉사를 최고의 가치로 여기는 사람은 의료나 서비스업에서 자기 인생을 설계한다. 감각적인 일을 좋아하는 사람은 창조적인 일을 찾는다. 물론 가족의 권유나 경제적·사회적인 측면까지 고려해 선망하는 목표를 택하기도 한다. 중요한 것은 목표에 의무와 책임감을 비롯해 자기 가치를 심겠다는 의지이다.

빵을 만드는 일에 흥미를 가진 아이가 있었다. 빵 향기를 맡으면 넋을 잃을 만큼 황홀해했다. 그 아이는 열심히 공부하고 노력한 결과 바라던 대로 제빵사가 되었다. 그는 빵을 만들 때 반드시 네 가지 원칙을 철저하게 지켰다. 첫째 정직하고 올바른 품질의 밀가루와 신선한 기름, 둘째 먼지 하나 묻지 않은 깨끗한 도구들, 셋째 완벽한 제빵 보조원, 넷째 아름답고 감동적인 음악이었다. 그는 이 모든 것이 완벽하게 준비되어야 빵을 구웠다.

그는 하나의 예술 작품을 탄생시킨다는 생각으로 빵을 대했다. 단순히 생계를 위한 수단이거나 타성에 젖어 게으름을 피우는 일은 상상조차 할 수 없었다. 사람들은 빵의 맛을 음미하기도 전에 먹어치우겠지만 그는 먼저 눈·코·입으로 자신의 예술혼이 전해지기를 바랐다. 그래서 기름이 조금이라도 신선하지 않으면 예술이 오염된다고 여겼다. 엄선된 좋은 재료에 정성을 가미해 빵을 만들 수 없으면 기꺼이 가게 문을 닫았다.

그는 한 번도 오늘 얼마를 벌었는지 따져본 적이 없었다. 그런

데도 이 제빵사의 빵집은 어떤 브랜드의 빵집보다 더 잘 됐다.

사람의 성공은 두 가지로 나눌 수 있다. 명예와 이익의 성공과 인격의 성공이다. 전자는 물질과 관련된 것이고, 후자는 일생을 노력해야 얻을 수 있는 정신적인 차원이다. 의심할 것 없이 제빵사는 후자에 속한다. 그에게는 빵을 만들 때 즐거웠는지, 다른 사람의 존중과 사랑을 받았는지가 더 중요했다. 자신의 명예와 이익은 처음부터 목표에 넣지 않았다. 물질을 좇다가 자기 삶의 가치관이 무너지는 것을 원치 않았다. 자신이 좋아하는 일을 하면서 자기 신념을 행동으로 실천했고, 자신과의 약속이기에 더 철저하게 지켰다.

현대 사회는 갈수록 물질의 가치를 더 중시한다. 돈이 있어야 살아갈 수 있는 사회라는 것은 부인할 수 없는 사실이다. 가진 돈의 정도에 따라 삶의 질이 보장받는다. 하지만 돈이 정신적 가치를 채워줄 수는 없다. 오히려 물질에 대한 집착으로 정신이 피폐해지는 상황으로 내몰릴 수 있다.

모든 사람은 타고난 자질과 성장한 환경, 교육의 정도가 다르다. 자기 삶을 주관하는 가치관이 모두 다를 수밖에 없는 이유이다.

자신이 옳다고 믿는 일, 성숙한 사고를 바탕으로 목표를 설정했다면 소신껏 이행하라. 그로 인해 자기만족이 올라가며 자부심과

자존감이 형성된다. 이것이 진정한 성공을 확신하게 되는 지점이다. 물질적 가치로 환산될 수 없는 무한한 가능성이 나오는 삶의 화이다.

목표에 집중할수록 그 가치가 서서히 빛을 발하고 사회에서 인정받는다. 그로 인해 경제적 이익까지 동반되는 효과를 거둔다. 자신이 세운 가치관과 신념이 분명하다면 흔들리지 말자. 그것이 피워낼 아름답고 매력적인 결과는 누구도 예상할 수 없다.

32

진정한 친구는 행복을 더해준다

“천만금으로 친구를 살 수 있는가?”라고 묻는다면 나는 당연히 “그렇다.”라고 대답하겠다. 현실에서는 이보다 더한 일도 대가를 앞세우면 가능해진다. 그렇기에 천만금을 앞에 두면 당장 친구가 되겠다고 달려올 사람이 있다. 단, 친구의 의미가 그저 같이 어울려서 먹고 마시며 노는 사람이라고 정의할 때만 가능하다는 점에서 매우 아쉬울 뿐이다. 친구라는 명사 앞에 ‘진정한’이라는 형용사가 붙으면 사정은 달라진다.

웨이머우는 급하게 돈이 필요했다. 여기저기 돈을 구하던 그는 친구 샤오장에게 전화를 걸었다. 웨이머우의 전화를 받은 샤오장은 매우 당황스러웠다. 그가 친구이지만 우정이 깊다고 생각해본 적이 없었기 때문이다. 샤오장은 일단 전화를 끊고 고민했다. 얼마의 시간이 흐른 뒤 그는 돈을 빌려주기로 결정했다. 다급한 그 친구의 목소리가 잊혀지지 않았기 때문이다.

한 달 뒤, 웨이머우는 샤오장에게 돈을 갚으러 왔다.

"네가 돈을 빌려준다고 했을 때 솔직히 난 매우 놀랐어. 너에게 전화하기 전에 난 아홉 군데나 전화를 했거든. 넌 열 번째였어. 네가 '좀 있다 전화할게.'라고 했을 때 나는 열한 번째 전화를 걸어야 하나 고민을 했지."

웨이머우가 전화한 순서는 자신이 친하다고 생각하는 순서에 따랐다고 했다. 늘 자신이 도움을 주면서 신뢰를 탄탄히 쌓았기 때문에 흔쾌히 해결해주리라 믿었다. 그래서 첫 번째 전화를 건 친구가 거절했을 때는 감당하기 어려웠고, 두 번째 세 번째도 마찬가지였다. 샤오장에게 전화를 걸 때는 거의 자포자기한 상태였다. 언제나 친구가 많은 사람이라고 자부했는데, 사실은 친구가 없고 자신이 외로운 사람이란 걸 깨달았다며 고개를 떨구었다.

웨이머우의 말에 샤오장도 진정한 친구가 몇 명이나 있는지 생각해보았다. 눈에 보이지 않더라도 이해타산 관계로 이어진 우정이라면 견고할 수 없다는 사실을 알았기 때문이다.

샤오장은 친구들의 이름을 적어보았다. 대부분이 자주 같이 밥을 먹고 술을 마시며 시간을 보내던 친구들이었다. 모두들 수천만 원 정도는 가볍게 빌려줄 경제적 여력이 되는 친구들이었다. 샤오장은 사업에 문제가 생겨 급하게 돈을 빌려달라는 문자를 그들에게 보냈다. 그러면서 돈을 빌려주기 어려우면 문자로 답을 주고, 빌려줄 수 있으면 전화를 달라고 적었다.

곧장 문자로 답이 왔다. 그들은 매우 신속했고 거절하는 이유도 다양했다. 대부분이 지금 자신들의 사정이 좋지 않아 돈을 빌려주기 어렵다는 내용이었다. 20분쯤 지나 샤오장에게 첫 번째 전화가 왔고, 두 번째 전화는 1시간이 지난 후에 왔다. 두 사람만이 샤오장에게 돈을 빌려주겠다고 했다. 돈으로 묶인 우정을 걸러내니 남은 친구는 단 두 명뿐이었다.

당신에게 진정한 친구는 얼마나 있는가? 이 문제에 답하려면 진정한 친구의 개념을 정리해야 한다. 이해타산 관계를 떠나 강력하면서도 깊은 신뢰를 나눌 수 있어야 진정한 친구다. 우리가 사회생활을 하며 가까워졌거나 어린 시절부터 함께 자랐다고 해서 반드시 우정이 싹트는 건 아니다. 어려울 때 힘이 되어주고 위로와 격려를 진심으로 나눌 때 진정성 있는 우정이 싹튼다. 오래도록 지켜보며 그의 본심을 느끼는 관계 맺음에서 이루어지기도 한다. 한 번의 우연한 기회를 통해 그의 진심을 느끼고 시간을 초

월한 우정을 나눌 수도 있다. 중요한 것은 마음의 상호작용이다.

급진적으로 사회가 발달하면서 인간관계는 물질로 엮이거나 이익이 되는 쪽으로 선택되기도 한다. 만나면 함께 웃으며 이야기하지만 헤어지면 남이 되는 관계, 뜻이 맞아 함께하지만 서로의 개인사는 모르고 알려고 하지 않는 관계, 기본적인 자기 정보만 공개한 채 더 깊은 속내를 알려고 하면 부담스러운 관계가 대부분이다.

자, 이제는 자신부터 변해보자. 먼저 상대를 이해하고 용납하는 마음을 가져야 한다. 감정적으로 친구를 사귀고자 하는 필요를 느껴야 한다. 감정적으로 상대방에게 의지할 마음이 들고, 속 얘기를 할 수 있게 되면 당신이 상대의 진정한 친구가 될 수 있다.

33

경쟁보다
공감의 힘이 세다

현대는 본의 아니게 경쟁으로 내몰린 사회이다. 자신이 가진 능력과 재능을 발휘해야 하고 평가를 받아야 한다. 최선을 다해 노력한다고 최상의 평가를 기대하기도 힘들다. 같은 이상을 추구하는 사람도 많고 비슷한 현실에서 꿈꾸는 욕망이 비슷한 이들도 많다. 그로 인해 우리가 살아내야 하는 세상의 경쟁은 치열하다.

그 때문일까? 상대의 능력을 순수하게 인정하고 솔직하게 평가해주는 것에 인색하다. 한 번의 실수도 가차 없다. 그 냉혹한 평가에 좌절하고 살아갈 힘을 잃기도 한다. 자포자기하며 삶의 방향을 잃을 때도 있다. 이때 진정으로 자신의 가치를 인정해주는 친구가 있다면 그는 부자이다. 세상에서 부러울 게 없는 단 한 사람일지 모른다. 그만큼 자기 삶의 의미가 더해지기 때문이다.

춘추 전국 시기, 진나라의 상대부上大夫인 유백아兪伯牙는 진귀한 거문고를 갖고 있었다. 유백아가 배를 타고 유람할 때였다. 주루룩주루룩 내리는 빗소리와 수면에 떨어지는 빗줄기가 조화를 이루어 생생한 풍경으로 한눈에 안겨왔다. 유백아는 거문고를 받쳐 들었다. 한창 거문고를 타던 그는 현이 이상하게 떨려옴을 느꼈다. 그것은 연주가의 심령의 감응으로 부근에서 누군가가 연주를 듣고 있음을 말해주는 것이었다.

아니나 다를까 강 언덕 숲에 종자기라는 나무꾼이 앉아 있었다. 서로 통성명을 한 후 유백아는 "내가 당신을 위해 한 곡 연주하려 하는데 어떻습니까?"라고 묻자 종자기는 "귀를 깨끗이 씻고 듣겠습니다."라고 답했다. 유백아가 즉흥으로 '고산高山'을 연주하자 종자기는 "얼마나 웅장하고 위엄 있는 산인가!"라고 찬탄했다. 이어서 '유수流水'를 연주하자 "이 얼마나 거세찬 강물인가!"라고 감탄했다. 유백아는 놀랍고 흥분되어 "이 세상에서 당신만이 내 마음의 소리를 알아듣는구려. 당신이야말로 내 진정한 지기요."라고 종자기에게 말했다. 그들은 내년 중추절에 다시 보기로 약속하고 헤어졌다.

시간이 흘러 다시 돌아온 중추절에 유백아는 강변으로 나갔다. 아무리 기다려도 종자기는 오지 않았다. 백아는 물어물어 종자기의 집을 찾아갔다. 하지만 종자기는 없고, 그의 아버지만 있었다. 아버지는 종자기가 밤낮으로 열심히 공부하느라 몸이 급격히 상해서 병에 걸려 100일 전에 죽었다고 흐느끼며 말했다.

유백아는 종자기의 묘 앞에서 구슬프게 거문고를 연주했는데 주변에 모인 이들은 곡을 음미할 줄을 몰랐다. 이에 유백아는 스스로 거문고 줄을 끊고 돌로 내리치며 탄식했다.

"거문고를 부수니 부서진 조각이 차가워보이는구나. 종자기가 없으니 이제 누구를 위해 연주하리오! 친구를 사귀기는 쉽지만, 음악을 진정으로 아는 자를 찾는 것은 너무나 어렵구나."

후에 백아는 관직을 버리고 강가로 가서 종자기의 부모를 모시며 살았다.

유백아가 종자기를 만났을 때는 자신의 음악을 알아주는 사람을 만나지 못해 무의미한 세월을 보내던 시점이었다. 거문고의 경지를 열어준 스승을 다시 찾아갔지만 이미 고인이 되어버려 심한 상실감에 빠져 있었다. 자신을 알아주는 이 하나 없는 세상이 원망스럽고 사는 게 무의미했다. 그런 그의 앞에 나타난 종자기는 수만의 청중보다 값진 귀인이었다. 자신이 하는 음악의 가치가 증명되었기 때문이다.

당신의 친구가 당신에게 원하는 것이 무엇인지 아는가? 당신이 친구에게 바라는 것은 무엇인가? 우리는 서로 아주 특별한 무엇을 원하지도, 아주 값진 보상을 원하지도, 아주 많은 대가를 바라지도 않는다. 그저 곁에 있어 주는 것, 위로와 격려, 작은 가치라도 인정해주는 것을 원하고 바란다. 그것에 소홀해지지 말자. 친구의 마음을 헤아려주고 이해해주는 공감의 말 한마디면 충분하다. 진정한 친구가 있다면 당신 가슴은 행복으로 펄럭인다.

34

정신적 빈곤에서 빠져나와라

정신의 빈곤은 우리를 피폐하게 만든다. '행복을 갉아먹는 좀'이라고 단정해도 과장이 아니다. 그래서일까? 많은 사람이 스스로 가난하다고 여기는 정신적 아사餓死 상태에 놓여 있다. 요즘은 방송이나 언론, 개인 영상물이나 SNS가 활성화되면서 쉽게 타인의 생활을 엿볼 수 있는 시대다. 어떤 환경에서 사는지, 무엇을 즐기는지, 어떤 것들을 누리는지 훤히 보인다. 보란 듯이 자랑하는 의도가 분명하지만, 보는 사람은 은연중에 자신이 사는 모습과 비교하고 대조한다. 상대적으로 박탈감을 느끼고 열등감에 사로잡힌다. 대개 우리 능력보다 훨씬 많은 돈이 있어야 가능한 일들이고 시간적 여유가 충족되어야 할 수 있는 일이다. 아무리 쥐어

짜도 자신의 처지에서는 현실적으로 불가능한 것들이다. 부러움을 넘어 짜증이 몰려오는 까닭도 이 때문이다. 한편으로는 이 모든 게 돈이 있으면 해결될 문제라고 생각한다. 또한 삶의 질을 높이고 자녀를 잘 교육하기 위한 필수불가결한 요소로 돈을 꼽는다. 하지만 간과하고 있는 문제는 **아무리 돈이 많아도 자신이 만족하지 못한다면 정신적 궁핍을 면할 길이 없다는 사실이다. 어쩌면 돈을 더 많이 벌어야 한다는 끝없는 욕망에 사로잡혀 돈의 노예로 전락할 수도 있다. 그로 인해 언제나 공허하고 외롭다.**

항저우 융정촌에 넓은 차밭과 땅을 가진 지주가 살고 있었다. 그는 별장과 값비싼 차를 소유하고 은행에는 많은 돈도 저축되어 있었다. 그러나 그는 큰 별장 안에 앉아 수심에 찬 얼굴로 혼잣말을 하곤 했다.

'앞으로 어떻게 살아야 할까?'

속내를 모르는 사람이 보면 그가 투정을 부린다고 생각할 수도 있었지만 그의 처지를 알면 동정 어린 시선을 보낸다.

그의 딸은 원래 저장에서 대학을 다녔는데 2학년 때 갑자기 외국으로 이민을 가겠다고 했다. 충동적으로 결정해서는 안 된다고 타일렀지만 딸은 끝까지 고집했다. 이민에는 꽤 많은 돈이 들었지만 그는 딸을 사랑하는 마음에 넉넉히 챙겨주었다.

딸이 없으니 차밭이나 별장 등은 아무 의미가 없어졌다. 부동산은 그에게 어떤 기쁨도 주지 못했다. 그는 돈을 버는 의미를 잃어버렸고, 돈을 벌어도 기쁘지 않았다. 그나마 딸의 생활비와 학비를 송금해주는 게 유일한 낙이었다. 그는 더 많은 돈을 딸에게 보내주고 싶었다. 딸만큼은 풍족한 생활을 할 수 있도록 돕고 싶었다. 어쩌면 이것이 그가 돈을 버는 유일한 이유이기도 했다.

그는 더 치열하게 일하고 한 푼을 아꼈다. 즐겁게 하던 일이 안 하면 안 되는 일이 되었다. 심적으로 여유가 없으니 사소한 일에도 짜증을 냈다. 한 번은 얼마 되지도 않는 찻값 때문에 단골손님과 싸우고 불쾌하게 헤어졌다. 예전 같으면 호탕하게 배려해줄 수 있는 일이었다. 그때는 돈보다 단골손님과의 유대관계를 더 중요하게 여겼다. 하지만 지금은 그 모든 것이 번거롭고 귀찮은 일일 뿐이었다. 자신도 왜 이렇게 변해 가는지 알지 못했다. 그저 상대 탓으로 돌렸다.

'얼마 되지도 않은 돈 가지고 쩨쩨하게 굴다니. 상종 못 할 사람이군.'

그는 이 말을 상대방도 똑같이 한다고 생각지 못했다. 주위 사람들은 그에게서 점점 멀어졌다. 늘 곁에서 기쁨과 슬픔을 함께 나눴던 친구들도 하나둘씩 떠났다.

현재 많은 중국의 부자들이 이런 정신적 빈곤 상태에 빠져 있다. 얼마를 벌었든지, 어떤 사회적 위치에 있든지 그들의 마음은 여전히 가난하다. 그들은 쉴 틈 없이 일하고 치열하게 번다. 아니 벌어야 한다고 믿는다. 자신은 항상 돈이 없고 가난하다는 생각을 버리지 않는다. 남들처럼 가지려면 아직 멀었고 자신의 게으름이 그 가난에서 벗어나지 못하게 한다고 자신을 다그치고 채찍질한다. 다시 한번 당부하지만 남과 비교해서 상대적 빈곤의 늪에 빠지지 말자.

물질적인 빈곤은 언제든 해결 가능하지만 정신적 빈곤은 없애기 어렵다. 더 어려운 문제는 정신적 빈곤이 가져오는 우울감·상실감·자괴감은 자신을 파괴시킨다. 반면 정신이 풍요로워지면 물질적 빈곤은 문제가 되지 않는다. 좋아하는 음악을 들으며 흐뭇한 미소를 짓는 정신의 풍요로움을 추구하자.

35

집착에서
한 걸음 물러서자

'집착'이라는 단어는 듣는 것만으로도 부담스럽다. '몰입'과는 달라서 긍정적인 효과를 기대하기도 어렵다. 부정적인 영향이 많다는 사실을 알지만 우리는 어느 것 한 가지 이상에 집착하는 경향을 보인다. 정신적인 측면일 수도 있고 사람, 목표, 신분이나 명예, 돈, 권력 등 집착의 범위도 다양하다. 집착의 강도만 다를 뿐이다.

자신이 중요하다고 여기는 것에 대한 집착은 매우 강하게 나타난다. 기분과 행동까지 좌우되며 신경을 곤두세우게 된다. 그 결과 다른 일들에까지 영향을 미친다. 무의식중에도 발현되는 집착은 그것에 자신을 가두고 얽매이게 한다. 생활의 영역에 침범해 사고를 자유롭지 못하게 옭아맨다. 심리학자와 임상 전문의들은 집착이 우리의 감각기관을 관장하고 행동을 지시함으로써 사고와 행동을 지배해나간다고 한다. 마음에 여유가 없을 때, 이루고 싶은 욕구가 너무 강할 때, 부정적인 생각이 지배할 때 집착을 보인다고 경고했다. 자신이 집착하는 것에서 한 걸음 물러나 객관적으로 보거나 마음을 비우고 내려놓는 마음을 가져야 한다.

한 부자가 있었다. 그는 한평생 다 쓰지도 못할 정도로 돈이 많았다. 갖고 싶은 게 있으면 다 가질 수 있었다. 그러나 돈을 마음껏 써보지 못했다. 돈이란 게 한 번 새나가면 계속 나가므로 아예 돈이 나가는 일을 막아야 한다고 여겼다. 가족 중 누가 '돈'을 거론하면 언성부터 높였다. 하지만 생활하는 것 자체가 돈을 지출해야 영위할 수 있으니 그는 매일, 매시간 미간을 찌푸리며 "돈! 돈!"이라고 외쳤다. 그는 돈이 그렇게 많은 부자임에도 불구하고 웃을 수 없는 게 속상했다.

어느 날 노인이 소를 끌고 밭을 갈면서 즐겁게 노래를 흥얼거리는 모습을 보았다. 힘든 노동을 하면서 웃을 수 있는 게 매우 신기했다. 부자는 그에게 즐거움이 무엇이며, 어떻게 해야 즐거울 수 있는지 말해달라고 했다.

노인은 바구니를 건네며 바구니에 가득 채울 때까지 돌을 주워

담으면서 걸어가라고 했다. 다 채우고 나면 다시 돌을 하나하나 돌려놓으라고 했다. 부자는 노인의 말대로 했다. 바구니가 가득 채워지자 무거워 걸을 수조차 없었다. 아무리 끙끙대도 한 발짝 걷기도 힘들었다. 그때 돌을 하나하나 내려놓자 바구니가 다시 가벼워지면서 가뿐하게 걸을 수 있게 됐다.

"마음속 돌을 내려놓으면 그렇게 즐거워집니다. 무엇이든 자신의 마음을 짓누르고 있다면 빨리 내려놓아야지요. 하나에 얽매이면 더 많은 것을 잃게 됩니다."

노인은 아무것도 없지만, 밭을 갈아 돈을 벌어 함께 나누어 쓰니 즐겁다고 했다. 무엇이 더 소중한지 알아야 한다는 말도 덧붙였다.

부자는 돈을 지켜야 한다는 압박이 있었다. 번 돈을 잃지 않으려고 집착했다. 그것을 지키기 위해 자신의 자유를 구속하고, 가족까지 얽매이게 했다. 그래서 집에는 웃음이 사라지고 불화와 걱정만이 끊이지 않았던 것이다. 사람들에게 "인간을 행복하게 해주는 도구는 무엇인가?"라고 묻는다면 거의 대부분이 '돈'을 꼽는다. 그러나 돈에 대한 집착은 고통을 불러온다는 사실도 알아야 한다.

행복은 필요가 채워지는 것에서 온다. 물질적 만족일 수도 있고 정신적 만족일 수도 있다. 하나에 집착하기보다 사물의 긍정적인 면을 보고 그것을 잘 활용할 방법을 고민해보자. 돈, 사물, 사람, 명예, 권력, 사랑 등을 소유하고자 집착할수록 자신에게서 더 멀어진다는 진리를 빨리 깨달아야 한다.

하나에 집착한 사람이 이루어내는 성과는 별로 없다. 시야가 넓지 않으니 불안과 초조함에 자기 능력을 최대한 발휘하지 못하는 것이다. 역사적으로 위대한 업적을 성취한 리더들은 자신이 하려는 일의 다양한 측면을 고려하고 긍정적인 면에 집중해 추진했다. 집착이 아니라 집중이다.

여러 각도에서 조망하며 자신이 집중하는 일의 아름다움을 발견하고 시간을 들인다. 예를 들어 '돈'에 집중한다면 돈이 가져오는 행복의 요소, 쓰임의 요소, 가치의 요소를 정확하게 볼 줄 알고 그것을 판단한다. 그래야만 돈이 주는 행복감을 느낄 수 있고 주변 사람들도 매우 행복해진다. 집착을 벗어난다면 당신은 정신적인 '부자'가 된다.

36

감정의 부자가 되자

현대인은 삶의 질에 관심이 높다. 소득, 교육, 건강 등과 같은 삶의 물리적 조건이 원하는 만큼 충족되기를 희망한다. 행복감, 안정감, 친밀감 등과 같이 개인이 느끼는 심리적 만족감 또한 기대만큼 올라가기를 바란다. 이를 해결하기 위해 경제활동을 한다. 현대 사회에서 돈과 지위는 점점 더 중요해지고 있다. 돈이 있으면 삶의 질이 크게 올라간다는 믿음의 작용으로 앞뒤 맥락을 무시하고 돈을 벌고자 한다. 그래서 삶의 지향점이 돈이 되고 삶의 목표도 돈이며 삶의 가치 또한 돈이 올려준다고 믿는다.

한 부부가 있었다. 둘 다 직장생활을 하며 내 집 마련의 꿈을 갖고 있다. 그들은 틈틈이 교외로 나가 데이트를 즐겼다. 꽃을 꺾어 내밀면 기쁘게 받아주는 아내였다. 맛있는 것을 함께 먹으며 행복해했고 작은 선물에도 감동할 줄 알았다. 비록 가진 것은 없었지만 서로 의지하며 매우 행복하게 지냈다.

그러던 어느 날, 친척이 그들에게 작은 가게를 넘겨주었다. 성실하게 가게를 운영한 그들은 대형마트 규모까지 성장시켰다. 넓은 집과 고급 차도 생겼다. 하지만 아내는 답답하기만 했다. 쉬는 날 없이 매일 일을 해야 하고, 쌓여 있는 일 때문에 잠깐의 휴식도 어려웠다. 좋아하는 음악을 들으며 여유를 갖고 싶었지만 현실적으로 시간 내기가 불가능했다. 앞으로 언제까지 이렇게 살아야 하는지 걱정됐다. 하지만 남편은 그런 아내를 이해하지 못했다. 돈을 많이 벌어 풍족해졌는데 항상 불평과 불만을 쏟아내는 아내가 달갑지 않았다.

남편은 사업이 번창할수록 삶의 원동력이 생겼다. 하지만 아내는 남편과 달리 예전으로 돌아가고 싶어 했다. 비록 돈은 넉넉지 않았지만 서로 위하고 함께 웃었던 그때를 그리워했다. 가족이 한자리에 모여 식사하기를 원했고, 함께 여행하며 추억을 만들기를 바랐다. 그런 바람을 꺼내면 남편은 "나중에!"라고 말하며 돈을 더 많이 벌면 그런 것쯤은 얼마든지 할 수 있다고 큰소리쳤다. 그러나 아내는 돈을 벌수록 그럴 가능성이 적어진다는 것을 알았다.

그녀는 어떤 식으로든 결단을 내려야 하는 시기임을 직감했다.

아내는 돈이 삶의 질을 높인다고 믿지 않았다. 사업에 포부가 있는 사람들은 사업을 잘 경영하고 관리해서 돈을 최대한 많이 모으는 일이 지상 최대의 과제다. 그것만이 자기 삶의 원동력이라고 공공연하게 떠벌인다. 그러나 단언컨대 각자 사는 방식에 따라 추구하는 대상이 다르므로 돈이 유일한 해결책이 될 수는 없다. 물론 자본주의 사회에서는 돈이 있어야 어떤 일이든 가능하다. 하지만 삶의 질이 물질적인 충족에서만 높아지는 것이 아니기에 돈은 가치가 삶의 질인 관점에서는 힘을 잃는다.

어떤 목표나 계획의 실천을 추진하는 과정에서 자신이 추구해야 할 삶의 질을 선정해보자. 목표를 향해 질주하는 과정에서 빼놓지 않고 챙겨야 할 즐거움, 기쁨, 만족을 주는 요소들이다. 매일 30분 산책하기, 영화 감상을 위한 한나절 시간 내기, 친구와 수다 떨 하루쯤은 과감하게 빼놓기 등이다.

가족과 함께하는 시간을 잊지 말고 여행이며 식사 등으로 추억을 만들어보자. 또한 자신에게 에너지를 주는 사람이나 취미활동 등에 소요되는 시간은 아까워하지 말고 그것을 위해 과감히 시간을 내어주자. 당장은 허투루 보내는 시간 같지만 각박하고 치열한 삶에서 강력한 에너지로 작동한다.

모든 것을 이룬 후에 하겠다고 미뤄둔다면 영원히 가능성을 잃게 된다. 시간이 너무 늦어버릴 수도 있다. 1초 뒤의 일을 모르는데 기쁜 순간을 함께할 사람이 떠나버릴지도 모른다. 풍부한 감성과 낭만으로 자기 삶의 질을 높이고 풍성하게 채워보자. 웃음이 당신 얼굴에 늘 머물 수 있는 비결이다.

37

돈에는 파괴력이 숨어 있다

돈의 위력은 무엇일까? 화합, 분열, 회복, 파괴 등 즉답을 내놓을 수 없는 질문 앞에 순간 멍해진다. 돈 때문에 비일비재하게 일어나는 사건들이 뉴스 1면을 장식하기도 한다. 친구, 가족, 이웃을 불문하고 돈과 연관된 싸움은 그 끝이 간단한 의절義絶로 끝나지 않는다. 상해를 입히고 목숨을 위협하기도 한다. 돈이 많으면 싸우지 않을 것 같지만 재벌의 상속 싸움을 보라. 금액의 규모나 법적 공방은 치밀하고 치열하고 치졸하기까지 하다.

물론 돈이 화합과 회복을 가져오는 경우도 많다. 후원금, 성금, 기부금 등은 우리의 손길이 직접 미치지 못하는 곳에 사용되며 열악한 환경에 있는 사람들을 돕고 회복시킨다. 그뿐 아니라 유대감을 높일 수 있고 관계 개선을 유지할 수 있게 하는 것도 알고 보면 돈이다. 불편했던 관계도 개선시키고 화합으로 이끄는 것도 돈의 사용이 있을 때 훨씬 순조롭게 진행된다.

이렇게 **돈은 영향력을 보이지 않는 곳까지 뻗어 있다. 관건은 돈을 어떻게 대하고 사용하느냐에 달려 있다. 돈에 대한 열망만 키운 채 중요한 것을 간과할 때 돈은 그 숨겨두었던 위력을 가감없이 드러낸다. 바로 행복에 대한 분열과 파괴다.**

장미의 남편은 많은 돈을 빌려 결혼을 했다. 아이가 생기자 부부는 미래에 대해 고민하지 않을 수 없었다. 돈도 없는 데다 빚까지 있었으므로, 부부는 아이를 부모에게 맡기고 대도시로 가서 창업하기로 했다.

둘 다 경험이 없어서 사업은 그저 그랬다. 하지만 일에 대한 둘의 열정은 남달랐다. 이들은 매일 아침 일찍 출근하고 밤이 늦어서야 집으로 돌아갔다. 그들 마음엔 사업을 성공시키고자 하는 생각밖에 없었다. 하늘은 스스로 돕는 자를 돕는다는 말처럼 가게는 점점 잘 되기 시작했고, 가게의 규모도 확장했다. 비록 몸은 더 피곤했지만 수입을 따지면 마음이 가벼웠다.

사업이 확장될수록 장미의 강점이 빛을 발했다. 그녀는 외향적이라 사람들과 웃고 떠드는 것을 좋아했다. 호탕하고 친절해서 손님들은 모두 장미와 친해지고 싶어 했다. 그와 반대로 남편은 내향적인 사람으로 표현에 서툴렀고, 융통성까지 없어서 손님을 원칙대로 대했다. 특히 나날이 성장하는 사업 앞에서 자금관리와 넘쳐나는 업무로 스트레스를 받았다. 그래서 장미가 가게 일을 책임지게 되었다. 물건의 출고와 입고는 물론 손님 응대하는 일도 모두 장미가 담당했다.

그들은 아이를 도시로 데려왔다. 하지만 장미는 아이를 돌볼 시간이 없었기 때문에 거의 남편이 돌봐야 했다. 사업이 확장될수록 장미는 눈코 뜰 새 없이 바빠져 집안일은 하나도 챙길 수 없었다. 그러자 남편은 장미에게 불만을 갖게 되었다. 장미는 그런 남편을 이해하지 못했다. 자신은 지금 놀며 즐기는 게 아니라 가족을 위해 사업을 운영하고 있는데, 왜 불만인지 납득할 수 없었다.

장미는 집에 와서도 사업 관련 업무를 봤다. 일이 잘 풀리지 않으면 가족에게 화를 냈다. 밖에서 말을 많이 하니 집에 오면 지쳐서 입을 닫게 되었고, 남편과 아이는 장미와 부딪히는 게 싫어서 슬슬 피하기 시작했다. 그녀는 외로운 슈퍼우먼이 되고 싶지 않아 관계를 개선해보려고 했다. 하지만 그녀가 친근감 있게 다가가면 다가갈수록 가족들은 오히려 어색해하고 손님처럼 대했다. 그럴 때면 그저 외롭게 거실에 서서 어찌할 바를 몰라 했다.

돈은 사람의 마음을 흔든다. 돈은 파괴력을 키우기 위해 작전을 펼친다. 전조前兆 증상으로 돈만을 바라보게 만들고, 돈을 위해 소중한 것을 포기하게 만든다. 먼저 돈을 번 뒤에 문제는 나중에 수습해도 된다고 권유한다.

하지만 돈이 만들어낸 앙금은 걷잡을 수 없이 넓어지고 깊어진다. 그 지경에 이르면 억만금으로도 치유될 수 없는 상처만 남게 된다. 돈보다 소중한 사람이나 관계에 관심을 두자. 당장은 돈의 위력이 더 세게 느껴져 휘청거리지만 그걸 지켜낸 귀한 가치가 더 굳건히 자신을 바로 세운다. 물질에 연연하지 않는 모습은 어디서든 아름답다.

38

신뢰의 가치는 측정이 불가하다

일확천금을 꿈꾸지 않은 사람이 있을까? 힘들이지 않고 단번에 많은 재물을 얻을 기회가 자기 인생에서 한 번쯤 있기를, 요행이라도 그런 횡재수가 들어오기를 원한다. 주식이 대박 났다, 로또에 당첨됐다, 집값이 몇 배 올랐다 등 일확천금을 손에 쥐는 사람들이 실제로 존재하므로 자신에게도 그런 재복이 따르기를 바란다.

이들에게 원하는 '부의 정도'를 물어보면 화수분 같은 통장 잔고, 호화로운 별장, 고급차, 명품 주얼리, 부동산과 땅을 소유하고 시간이나 돈에 구애받지 않고 고급 취미를 즐기는 일상이라고 대답한다. 이런 삶을 꿈꾸고 있다는 개인적 소망으로 들린다. 그들이 특별해서가 아니라 대다수 사람에게 비슷한 욕망이 있다. 부유하게 잘사는 것. 돈에 구애받지 않는 삶이 그것이다. 부자의 꿈을 현실로 이룬 사람들이 있다.

캐나다에 사는 마리오는 2년 전에 복권에 당첨되었다. 액수도 어마어마해서 세상에서 가장 행복한 사람이라고 생각했다. 주체할 수 없는 돈이 있으니 다니던 직장도 그만두었다. 겨울은 따뜻한 플로리다에서 지냈고, 여름은 시원한 퀘백에서 지냈다. 너무도 달라진 마리오의 모습에 불만을 드러내는 아내와는 이혼을 했다.

자유를 만끽하고 싶은 마리오는 매일같이 술을 마시며 자신이 좋아하는 것과 쇼핑을 즐겼다. 친한 친구들이 마리오에게 조언했지만 오히려 돈을 노린다는 오해를 받았다. 가족과 친구들이 떠난 마리오 주변에는 늘 새로운 여자와 사람들로 가득했다. 마리오는 그들에게 기꺼이 돈을 썼다. 자신을 즐겁게 해준다는 이유였다.

2년 뒤, 마리오는 빈털터리가 되었다. 그 많던 돈이 흔적도 없이 사라졌고, 마리오를 즐겁게 해주던 사람들도 모두 떠났다. 그들은 떠나면서 욕을 하거나 돈이 될 만한 물건까지 챙겼다. 마리오는 자신에게 아직 행운이 남아 있다고 믿었다. 그는 있는 돈을 모두 털어 복권을 샀는데 결과는 참혹했다. 할 수 없이 다시 일하려 했지만 직장이 구해지지 않았다. 돈이 없으니 식사조차 하지 못했다. 소식이 끊긴 아내는 찾을 수 없었다. 자신에게 조언했던 친구들은 마리오를 외면했다. 어떤 친구도 그에게 도움의 손길을 내밀지 않았다. 마리오는 외로움과 무기력함을 느꼈다. 결국 거리의 노숙자 신세가 되고 말았다.

마리오의 불행은 어디서 시작되었을까? 복권에 당첨된 시점인지, 아내와 이혼한 순간인지, 원하는 물건을 사고 원하는 대로 살았던 기간인지, 누구의 조언도 듣지 않던 시간인지 어느 것 하나를 콕 집어내기 어려운 부분이다. 그렇다고 이 모든 게 잘못되었다고 하기도 가당치 않다. 마리오의 불행은 일확천금으로 들어온 돈의 문제가 아니기 때문이다.

돈 앞에서 무기력하게 무너지는 정신력이 그를 불행의 나락으로 밀어 넣은 것이다. 감당하지 못할 큰돈이 주어졌을 때 자신이 꿈꾸던 삶을 향한 열망만 충족시키기에 급급했다. 돈이 가져온 행운에 취해 돈으로 살 수 없는 것들이 얼마나 귀한지 깨닫지 못한 것이다.

세상엔 다양한 형태의 자산이 있다. 유형과 무형의 자산 중 경제적 가치로 환산될 수 없는 무형자산의 가치가 훨씬 크고 위대하다. 그러나 눈에 보이지 않는다는 이유로 간과되고 만다. 언제나 자신 곁에 머물러 함께할 것으로 착각하지만 절대 아니다. 유형자산은 잃거나 소실되어도 대부분 복구가 가능하다. 부족하면 부족한 대로 살아갈 수도 있다.

하지만 **무형자산은 한번 잃어버리면 회복이 불가능하다. 신뢰나 사랑, 우정같이 오래도록 당신이 보인 행동이나 말, 관계를 통해 형성된 소중한 감정들이다. 돈으로 살 수 없고 대체할 수도 없는 이것이야말로 진정한 자산이다.**

당신이 모든 것을 잃어도 주변에 사랑하는 사람이 있다면 다시 일어설 수 있다. 그가 주는 용기와 격려는 일확천금보다 값지다. 그래서 눈에 보이는 것보다 그 가치가 높다. 좌절했을 때 누군가 내민 손을 잡고 일어선다고 생각해보자. 그 이후 성공을 거듭하고 전무후무한 성과를 낸다면 그것이 당장 손에 쥐었다고 기뻐할 액수보다 훨씬 값질 것이다.

신뢰를 쌓고 사랑을 베풀어라. 당신 삶에 주어진 훌륭한 자산을 얻는 길이다.

39

먼저 사람의 마음을 얻어라

누군가를 떠올리면 내면의 행복이 느껴지는 대상이 있다. 그가 주는 감흥이 연상될 때는 가슴이 벅차오른다. 따스함, 배려, 웃음, 포근함, 아낌, 사랑, 관심 등 그 느낌은 다르더라도 깊이와 울림은 뭉클하다는 공통점이 있다. 그것이 전달되는 행복은 감동적이다. 그로 인해 우리는 살아갈 이유를 찾기도 하고 어떤 일을 추진할 힘을 얻기도 한다. **내면의 행복이 에너지로 승화되면 이루지 못할 일이 없다. 사는 즐거움이 배가 된다.**

방송국 최고의 MC로 이름을 날리는 바이옌은 멋진 남편이자 자상한 아버지였다. 그는 출장을 다녀올 때마다 아내와 아이를 위한 선물도 잘 챙겼지만, 뛰어난 안목까지 겸비해서 아내와 아이를 위해 꼭 맞고 깔끔한 옷들을 골라주는 걸 좋아했다. 그런 반면 섹시한 남성미까지 넘쳐나서 종종 그를 좋아하는 여성들이 호감을 표현해도 상대방에게 조금의 여지를 주지 않았다. 그는 웬만하면 연예계 모임에도 참석하지 않았고, 시간이 날 때면 집에서 아내와 아이와 함께 즐겁게 시간을 보냈다.

그런 바이옌이 새로 신설된 프로그램을 진행하기 위해 지금까지 진행하던 MC 자리에서 물러나게 되었다. 그는 3개월 동안 철저하게 그 프로그램을 준비했기 때문에 반드시 성공하리라 믿었다. 하지만 여러 가지 이유로 1년 넘게 프로그램이 방영되지 못했다. 본의 아니게 인기 MC에서 한순간 백수로 전락한 그는 실의에 빠져버렸다. 그는 자신의 미래가 앞으로 어떻게 될지 한 치 앞도 볼 수 없었다. 온화한 성정을 가졌던 그는 집에서 점점 화를 내기 시작했다. 그의 아내는 몇 마디 말로는 남편을 위로할 수 없음을 알았다.

그녀는 시골에 사는 시어머니를 모셔왔다. 바이옌은 어머니에게 실패한 모습과 실의에 빠진 모습을 보여주고 싶지 않았다. 어렸을 적부터 그는 언제나 어머니의 가장 큰 자랑이었다.

그는 어머니가 오시자 기운을 차리기 시작했다. 늘 자신을 크게 바라봐주는 어머니 기대에 부응하고 싶었다. 바이옌은 사랑하는 아내와 귀여운 아이, 따뜻하고 인자한 어머니의 든든한 지지를 받으며 다시 의지를 키웠고 굳건한 내면을 다졌다. 가치를 따질 수 없는 이 요소들로 그는 행복해했고, 다시 재기할 수 있는 발판을 마련해 결국 성공을 이루어냈다.

부유함의 진정한 의미는 마음에 있다. 가족이나 친구들과 많은 시간을 함께 보내며 그들의 마음을 얻고 지지를 받아야 한다. 행복한 삶을 가꾸는 방법이고 마음이 풍요로워지는 비결이다.

물질적 자산은 충분한데 내면의 행복이 궁핍하다면 매우 불행하다. 손가락에서 빛나는 다이아몬드가 사랑받고 있다는 뿌듯함을 대신할 수 없다. 힘이 되는 위로와 격려를 최신형 고급 자동차가 해줄 리 만무하다. 물질적인 부는 과시에 이용되지만 마음에 채워진 부는 의욕에 사용된다. 효능도 달라서 물질적 부에 비해 마음의 부가 진정한 유대감을 형성하고 자신감과 자긍심을 부여한다. 이로써 위대한 일을 성취함이 가능하다.

행복은 인류가 추구하는 최고의 목적이다. 돈은 행복의 필요조건이지 충분조건은 아니다. 돈으로 물질적 필요를 채워서 더 만족할 순 있으나 행복감을 최고치에 올리진 못한다. 행복은 물질뿐 아니라 정신적인 기반까지 탄탄하게 유지되어야 하기 때문이다.

가족, 혈육의 정, 사랑, 우정 등은 값을 매길 수 없고 돈으로 교환할 수도 없다.

자신에게 위기가 닥쳤을 때 가장 먼저 달려와 위로를 건네는 사람이 누구일까 생각해보자. 먼저 손을 내밀어 도와줄 사람은 누구일까? 떠나지 않고 곁에 있어 줄 사람은 누구일까? 늘 곁에서 힘이 되는 이는 누구이며 응원해주고 도전하게 이끄는 이는 누구일까? 그런 이가 옆에 있음을 감사하자. 만약 분명한 사람이 떠오르지 않는다면 돈을 벌기 위해 애쓰기보다 사람을 얻는 일에 힘써라. 그것이 먼저다.

40

의식적으로 웃음을 키워라

동전에 양면이 있듯 우리 인생에도 양면이 있다. 빛과 유쾌함, 행복이 가득한 면과 어두움과 우울함, 슬픔이 가득한 면이다. 매우 당연하게 밝고 긍정적인 쪽에서 살고 싶지만, 실제 생활은 어둡고 부정적인 쪽으로 기운다.

“일은 힘든데 주는 돈은 쥐꼬리만큼이야.”

“직장에서 스트레스가 너무 큰데, 아내는 날 이해해주지 않아.”

“왜 내가 아닌 저 친구를 승진시키는 거지?”

“모든 게 너 때문이야.”

이와 같은 말은 인지와 감정을 불만 쪽에 집중시킨다. 모든 원인을 자신에게서 찾지 않고 상대에게 돌리거나 환경이나 상황을 탓한다. 좋은 결과가 나올 수 없도록 자신을 이끄는 것이다. 당신이 상사라면 항상 긍정적이고 진취적이며 열정이 충만한 직원과, 매일 풀죽어 있고 울상인 직원 중 누구를 선택하겠는가? **내면이 충만하고 좋은 마음가짐을 가져야 열정적으로 살 수 있다. 더불어 행운도 따라온다.**

필립은 영업사원이다. 어느 날 고객을 방문했는데 아쉽게도 계약을 성사시키지 못했다. 사장은 괴로워하는 그에게 말했다.

"나중에 다시 한번 가보게. 그때는 오늘의 감정을 잊고 미소를 짓게. 그가 당신을 행복한 사람이라고 생각할 수 있게 미소로 상대방의 마음을 움직여야 하네. 그러면 상대방도 자네의 진심을 느끼게 될 걸세!"

필립은 자신이 지금 얼마나 울상인지 깨달았다. 그는 가장 행복하고 기쁘고 진실된 마음으로 미소 짓는 연습을 했다. 이후 결국 고객은 필립에게 감화되어 매우 유쾌하게 계약서에 사인했다.

필립은 이를 집에서도 해보기로 했다. 결혼 18년차이지만 그동안 바쁜 삶으로 사랑하는 아내에게 신경 쓰지 못했던 것이다. 그는 식탁에 앉아 아침을 먹을 때 아내에게 웃으며 인사를 건넸다. 아내는 처음엔 놀랐지만 무척 즐거워했다. 자연스레 대화가 이어지고 다시 사랑이 느껴졌다.

필립은 자신에게도 웃어주었다. 거울에 자신이 비칠 때마다 혹은 자신이 업무를 잘 처리하거나 인간관계에서 잘 처신하고 있다고 느낄 때 흐뭇하게 웃었다. 그러자 스트레스로 수심이 가득했던 얼굴이 싹 사라졌다.

이제 필립은 상황을 푸념하기보다 인정하고 좋은 쪽으로 받아들이며 대응한다. 자기 관점만 고집하지 않고 상대의 관점으로도 생각하며 일을 처리한다. 누구에게든지 배려심이 많고 생각이 깊다는 평가가 이어졌고 능력을 인정받았다. 웃음은 그의 삶을 바꿨다.

우리가 웃음에 인색한 이유는 무엇일까? 자신이 가볍게 보일 수 있다는 걱정이나 진지하지 않다거나, 쉬운 상대로 보이지 않으려는 의도도 있다. 매사가 순조롭게 잘 되는 일보다 장벽에 부딪히고 장애를 만나는데 웃으란 말이냐고 반문한다. 일이 잘 안 되는 경우가 많으니 웃을 일이 없다는 이유도 댄다. 경제적 여유가 없기에 원하는 대로 살 수 없다는 불만도 터트린다.

그 이유가 무엇이든 웃음에 대한 편견이다. 어떤 사람이 잘 웃는다고 해서 무조건 무시하고 경솔한 사람으로 치부하지는 않는다. 모든 일이 잘 풀리고 승승장구해서 웃는 게 아니다. 가볍게 보이거나 진지함은 웃는 모습에서 비롯되지 않는다. 자신이 하는 말이나 행동이 바르고 남다를 때 깊이가 있는 사람, 진중한 사람으로 돋보이게 한다.

경제적으로 여유가 생기면 웃을 수 있다는 생각도 대단한 오해다. 불만이 많은 사람에게 만족스러운 일이 생길 리 만무하다. 그런 사람은 어떠한 상황에서도 못마땅한 일과 불평의 대상을 찾는다. 순탄하게 잘 진행되는 일에서도 "너무 힘들다."라든가 "나만 일하는 것 같아."라며 투덜댄다. 절대 그 일이 가져오는 성과를 기대하지 않는다. 그래서 웃음이 사라진 삶을 살게 된다. 돈을 원하는 만큼 번다고 해도 마찬가지다. 진정한 행복은 자기 내면에서 나온다. 의식적으로 마음에 행복을 가꾸지 않는다면 그 어떤 감정도, 상황도, 물질도 깊은 만족감과 기쁨을 줄 수 없다.

행복하다고 느끼는 사람은 삶과 일에서 감사하는 마음과 열정을 갖고 있다. 가족과 친구, 주변인들도 잘 챙긴다. 자연스럽게 그에게는 기쁜 일이 자주 많이 생긴다. 이런 선순환으로 자기 능력은 더 크게 발휘된다.

41

긍정의 힘은 전진할수록 멀리 비춘다

도시국가 고대 그리스에서는 전쟁이 자주 일어났다. 한번은 아테네가 반년 동안 적군에 둘러싸인 적이 있었다. 아테네의 최고 장관은 군량미 공급 담당관들에게 얼마나 식량이 더 남아 있는지, 얼마나 버틸 수 있는지 물었다.

"지금 식량으론 일주일을 버틸 수 있습니다. 그 뒤에는 온 도시 사람들이 굶어 죽게 될 것입니다."

이 소식을 들은 일부 관리들은 당황해서 어쩔 줄 몰라 했다. 그들은 잇달아 장관에게 굶어 죽는 것보다 문을 열고 항복해서 백성들의 목숨을 지켜야 한다고 진언했다.

하지만 최고 장관의 생각은 달랐다.

"우리에게는 아직 일주일 치 식량이 남아 있다니 참 잘 되었구나. 적에게 일주일 치의 군량미가 있을 것 같은가? 다행스럽게도 우리에게는 아직 일주일이라는 시간이 있다. 일주일이면 적이 버티지 못할지 모른다. 우린 싸우지 않고도 이길 수 있다!"

최고 장관의 예측대로 3일을 버티자 성을 포위했던 적들이 철수하기 시작했다. 그들의 군량미가 바닥났기 때문이다. 아테네 사람들은 믿음과 희망으로 적을 이겼다.

군량미가 일주일 치밖에 남지 않았다는 말을 들었을 때 관리들은 식량이 너무 부족해 굶어 죽을지 모른다고 염려했다. 하지만 최고 장관은 식량이 충분하며 심지어 적보다 많다고 믿었다. 같은 문제를 바라보는 두 가지 관점을 알 수 있다. 한 관점은 파멸하는 막다른 길이다. 하지만 다른 관점은 희망으로 가득 찬 탄탄한 대로이다.

인생에는 햇빛과 어둠이 공존한다. 우리가 햇빛을 보면 어둠은 물러간다. 전진할수록 앞길을 비춰주며 웅덩이에 빠지지 않도록 돕는다. 그러나 햇빛을 등지면 자기 그림자만 보게 되므로 관용을 베풀 수 없고 자기 안에 갇혀 사고의 영역까지 좁아진다. 그로 인해 기쁨을 찾지 못하고 암울한 현상만 보게 된다.

만약 자신에게 심리적 어려움이 있다면 그것은 너무 많은 고민으로 생기는 것이다. 훌훌 털어버리거나 나중에 생각하기로 미뤄두면 어떨까? 그 고민이 정말 필요한 것인지 따져보는 것도 좋다. 직장이 없어서 고민인 사람이라면 고민하기보다 당장 이력서를 여러 군데에 계속 내보는 것이 낫다. 사고 싶은 게 있는데 못 사서 고민이라면(사실 이것은 고민도 아니지만) 포기해버리자. 그게 없다고 인생이 달라지지 않는다. 그 외에 숱한 고민을 떠올려보면 미래를 미리 걱정하거나 현실에 만족하지 못해서 생기는 문제들이다. 햇빛이 당신을 비추고 있는 데도 어둠 속으로 들어가고 싶어 안달을 하는 격이다. 정말 그러고 싶지는 않을 것이다.

20세기 가장 영향력 있는 영국 사상가 러셀Russell, Bertrand은 1924년에 중국의 쓰촨성을 찾았다. 그 시절의 중국은 군벌이 할거割據하고 있어서 백성들이 편히 살 수 없었다. 러셀과 함께한 몇 사람은 사람이 메는 대나무 가마에 앉아 어메이산峨眉山에 올랐다. 산길이 가파르고 험준하여 가마꾼들이 지쳐 땀을 흘리는 광경에 러셀은 경관을 구경할 기분이 사라졌다.

가마꾼들은 가마를 타는 그들 몇 사람을 몹시 미워할 것이며, 이렇게 더운 날 가마를 타고 산에 꼭 올라야 하는지 원망할 거 같았다. 어쩌면 왜 자신이 가마를 타는 사람이 아니라 가마를 메는 사람일지 괴로울 수도 있었다.

산 중턱에 이르러 러셀은 대나무 가마에서 내려 가마꾼의 표정을 열심히 살폈다. 그는 가마꾼들이 일렬로 앉아 담뱃대를 꺼내면서 웃고 이야기하는 모습을 보았다. 그들에게는 날씨와 가마를 탄 사람을 원망할 생각은 추호도 없었다. 그들은 흥미롭게 자기 고향의 농담을 들려주기도 하고, 호기심으로 러셀에게 외국의 얘기를 물어보기도 했다. 러셀은 그때를 회상하며 쓴 《중국인의 성격》에서 "우쭐거리는 태도로 다른 사람의 행복을 재단하는 것은 잘못된 것이다."라고 말했다.

에픽테토스Epictetos는 "우리를 괴롭히는 것은 사물에 대한 우리의 인식이지 사물 자체가 아니다."라고 말했다. 당신이 보기에 논에 벼를 심는 농부는 매우 힘들어 보인다. 하지만 그들도 행복하다. **"진정한 행복은 당신이 인생의 가치를 진정으로 깨달은 뒤에 느낄 수 있다."라는 말처럼 관점을 바꿔서 자신의 문제를 바라보자.**

42

재물이나 성공보다 사랑을 먼저 구하라

물질과 명예는 삶을 풍성하게 만든다. 존경 어린 눈빛을 받게 하고 인정과 그에 따른 경제적 여유까지 창출해낸다. 우리는 이를 추구하기 위해 더 열심히 뛰어서 현재 가진 것보다 더 많은 물질과 더 높은 명예를 쟁취할 목표를 정한다. 옆에서 뛰는 사람의 속도보다 더 빨라야 한다고 믿는다. 앞서 뛰는 사람이 있다면 그를 따라잡아야 한다고 자신을 채근한다. 그러나 이 지점에서 묻지 않을 수 없다. 과연 물질과 명예로 자신의 공허함을 채울 수 있을까?

바쁘게 일하면서 성공 가도를 달리는 중이라면 문득 '무엇 때문에 살지? 왜 외롭지? 이 허전함은 무엇이지?'라고 자문해본 적이 있는가. 남들은 부럽다 하고, 여기저기 불러주는 곳도 많고, 통장에 찍히는 수입도 만만찮은데 정작 자신은 채워지지 않는 허탈함을 느낀다. 미슐랭(100년이 넘은 오래된 여행&레스토랑 가이드로 미식가 사이에서는 성서로 불릴만큼 신뢰도가 높다)이 인정한 최고급 음식점에서 값비싼 음식을 먹어도 해소되지 않고 허무할 뿐이다. 마음에 충만한 사랑이 없기 때문이다.

한 부인이 집을 나서다 긴 수염을 가진 노인 세 명을 만났다. 기운 하나 없이 집 앞 벤치에 앉아 있는 모습이 안쓰러워보였다.

"무척 배가 고파 보이시네요. 들어와서 뭐 좀 드실래요?"

노인이 물었다.

"바깥양반은 집에 계시오?"

"아뇨 없어요. 그는 나갔어요."

"그럼 우린 들어갈 수 없소."

저녁에 남편이 돌아오자 그녀는 낮에 있었던 일을 말했다. 남편은 말했다.

"그들에게 내가 집에 왔다고 말해줘요. 그들을 빨리 초대해요."

부인은 노인들을 집으로 초대했다.

"미안하지만 우리 셋은 한 번에 한 집에 들어갈 수 없소."

"왜죠?"

그중에 한 노인이 그의 친구를 가리키며 말했다.

"저 친구의 이름은 재물이오. 저 친구는 성공이고, 나는 사랑이오."

노인은 잠시 뜸을 들인 뒤 덧붙여 말했다.

"들어가서 남편과 상의해보시오. 우리 중에 누가 당신의 집에 들어가는 게 좋겠는지."

부인은 남편에게 방금 한 대화를 얘기해줬다. 그녀의 남편은 매우 기뻐하며 말했다.

"오, 그런 것이었군요! 그럼 빨리 재물을 들어오라고 하세요!"

부인은 반대했다.

"여보, 성공을 들어오라고 하는 게 어떨까요?"

둘의 의견이 팽팽하게 맞섰다. 남편은 고민하다 말했다.

"그러지 말고 사랑을 초대하는 게 어떨까요. 그게 더 좋을 것 같단 생각이 드네요."

부인은 집 밖으로 가서 말했다.

"우리는 사랑을 초대하겠어요."

사랑은 일어서서 집 안으로 들어섰다. 그러자 다른 두 노인도 그와 함께 안으로 들어왔다.

부인은 놀라서 재물과 성공을 바라보며 물었다.

"저는 사랑만 초대했는데 왜 당신들도 함께 들어오는 거죠?"

노인들은 일제히 대답했다.

"만약 당신이 초대한 것이 재물이나 성공이었으면, 다른 두 명은 그냥 밖에 있었을 것이오. 하지만 사랑을 초대하면 사랑이 어디로 가든 우리는 함께 가오. 사랑이 있는 곳에 재물과 성공도 있소이다!"

이 이야기가 증명하듯 사랑이 있는 곳에는 성공과 재물이 있다. 사랑이 있어야 행복한 눈으로 세상을 보게 된다. 자신이 원하는 게 재물이나 성공인지 아니면 내면의 행복인지 묻지 말자. 서로 공존할 수 있다. 내면이 행복한 사람은 넓은 마음을 갖기에 더 쉽게 재물을 얻고 성공한다. **내면이 행복으로 가득 찬 사람은 다른 사람에게도 행복을 전한다. 물질과 명예만을 갖겠다는 의욕을 보이지 마라. 재물을 얻고 잃을 때마다 기뻐하고 슬퍼하지도 마라. 행복한 마음으로 인생을 바라보면 새로운 인생이 펼쳐진다.**

인간은 항상 시간이 모자란다고 불평을 하면서
마치 시간이 무한정 있는 것처럼 행동한다.

세네카

PART 4

행복 더하기 행복

T H E   S E C R E T   O F

H A P P I N E S S

완벽을 추구하는 마음이 행복을 망친다. 완벽해서 행복한 게 아니다. 최선의 상태, 최적의 상황에서 행복이 발견된다. 완벽하려는 마음에 행복을 놓친다면, 영원히 행복을 잃게 된다. 그 대신 우울과 좌절이 그 자리를 채운다. 내일을 기약하며 현재를 옥죄지 말자. 그것은 행복을 가리는 암막 커튼이 될 뿐이다. 과정을 즐기고 오늘 행복하자. 행복을 느낄 때 진짜 행복이 더해진다.

43

오늘을 미루지 않아야 내일이 찬란하다

어느 소년이 9살 때 출가를 결심했다. 소년은 주지 스님이 머리를 깎아주고 승려로 인정해주기를 바랐다. 주지 스님이 소년에게 말했다.

"나는 네가 이미 출가할 결심을 한 걸 이해했다. 나도 너를 제자로 삼고 싶다. 하지만 오늘은 너무 늦었으니 내일 아침에 너를 제자로 받아주마."

"사부님, 저는 내일을 기다릴 수 없습니다. 내일 아침에 저를 제자로 삼으신다고 했는데, 저는 아직 어리고 무지하여 내일이면 출가할 결심이 사라질지도 모릅니다. 그리고 사부님 나이가 많으니, 내일 아침에 아직 살아 계실지 장담하지 못하지 않습니까!"

소년의 말에 주지 스님은 감동했다.

"맞는 말이다! 네 말에 틀린 게 하나도 없구나! 지금 바로 너를 제자로 삼겠다!"

불교우화에 나오는 선문답 같은 이야기다. 오늘 해야 할 일은 내일로 미루지 말고 오늘 하라는 의미다. 예를 들어 다음날 필요한 물건들은 시간이 걸리더라도 반드시 오늘 정리해두어야 한다. 이것이 성공을 원하는 사람들이 가져야 하는 좋은 습관이다. 계획 세우기는 절반의 성공만 보장한다. 세운 계획을 실제로 실행해야지만 이 계획이 성공할 수 있다. 항상 일을 미룬다면 삶에서도 계속 무언가를 미루게 된다. 바라는 것을 다음 순간으로 미룬다면 어떻게 행복해질 수 있겠는가. 직면한 문제를 앞두고 당장 실행에 옮기는 것이 아니라 그 문제의 생각 자체를 뒤로 미룬다. 여러 이유가 있겠으나 실패의 두려움과 어려움을 회피하려는 의도이다.

하지만 기억하자. 일 년 계획은 봄에 달렸고, 하루의 계획은 아침에 달렸으며, 한 가정의 계획은 화목함에 달렸고, 일생의 계획은 성실함에 달렸다. 오늘 일을 잘 마쳐야만 내일을 기분 좋게 시작할 수 있다.

인생은 시간으로 이루어져 있다 해도 과언이 아니다. 각기 다른 인생의 길이에서 우리가 뽑아낼 수 있는 인생의 정수는 다 다르다. 자신의 인생이 얼마나 넓어지고 높아질 것인지는 자신이 삶을 대하는 태도와 방식에 달려 있다. 내일을 기다리는 것이 아니라, 오늘을 제대로 살아내야 한다. 오늘 할 일을 내일로 미루지 마라. 책임감이 없으면 중압감도 없고, 중압감이 없으면 원동력도 없다.

미국 육군사관학교의 규정은 "어떤 일을 하든지 책임감과 전심전력의 마음으로 전념하라."이다. 하버드의 인생 철학은 "시간을 소중히 대하고, 모든 것은 오늘부터 지금부터 시작된다."이다. 하버드에서는 시간을 낭비하면 안 된다. 그들은 사람이 가진 가장 최고의 자원은 '시간'이라고 여긴다. 시간을 잃어버리는 것과 불행을 비교할 수 없다고 생각한다. 그래서 그들은 절대로 일을 뒤로 미루지 않는다.

빌 게이츠가 어렸을 적 고향마을에서는 암송대회가 열렸었다. 빌 게이츠는 매년 경기마다 3등 안에 들며 우승했다. 그는 어렸을 때부터 책 읽는 좋은 습관을 길러왔다. 9살 때 그는 《백과사전》을 다 읽었다. 11살 때에는 '마태복음' 중 가장 긴 장을 암송했다.

이 모든 것은 빌 게이츠의 외할머니 덕분이었다. 타고난 암기력과 사고 능력이 있음을 발견한 외할머니는 빌 게이츠에게 매일 일정한 글을 읽고 몇 개의 문제를 생각해보게 했다. 이걸 다 끝내지 못하면 나가서 놀 수 없었다. 외할머니는 항상 오늘 일은 오늘 완성해야 한다고 말하며, 내일은 또 다른 새로운 일들이 기다리고 있을 거라고 했다. 이 습관 덕분에 빌 게이츠는 지금도 오늘 일을 절대 미루지 않을 뿐만 아니라 자녀에게도 오늘을 제대로 살아내는 것이 가장 중요하다고 가르친다.

오늘의 일은 오늘 끝내고, 내일은 당신을 기다리는 새로운 일들을 완성하라. 만약 우리가 지금 일을 내일로 미룬다면, 내일의 임무는 언제 완성할 수 있겠는가? 내일 또 내일, 우리가 미룰 수 있는 내일이 얼마나 많은가? 하지만 명심하자. 내일은 지나가는 '오늘'을 위해 존재할 뿐이다. 오늘 주어진 일을 모두 끝내고 다시 맞는 새로운 오늘을 기대해야 한다. 그래야만 진일보할 수 있다.

44

손에 쥐고 있는 오늘을 먼저 완성하라

장자庄子는 "사람이 이 세상에 태어나서 산다는 것은 마치 흰 망아지가 문틈을 휙 지나가는 것 같다."라고 말했다. 사람이 태어나 산다는 것은 순간의 일이어서 인생이 매우 짧게 지나간다는 뜻이다. 지루하게 반복되는 삶이지만 어느 순간 돌이켜보면 눈 깜빡할 사이에 지나온 것처럼 느껴진다. 이는 굳이 장자의 말이 아니더라도 누구나 동의하는 말일 것이다. 그러니 어느 순간 앞으로 다가온 인생의 말미에 많은 일을 하지 못한 것을 후회하지 말고 오늘 맞는 순간들을 최선으로 채우자.

"들보에 상투를 매달고 송곳으로 허벅지를 찌르다. → 분발하여 열심히 공부하다."

"형설지공螢雪之功 → 갖은 고생을 하며 학문을 닦다."

"벽에 구멍을 뚫어 이웃집의 불빛을 빌리다. → 가난하나 학문에 힘쓰다."

이와 같은 고전의 문구는 고대부터 얼마나 '시간'을 소중히 여겼는지를 보여준다. 오늘이 지나면 내일이 오지만 영원하지는 않다. 자기 인생의 정해진 기간 안에서만 반복될 뿐이다. 청춘과 삶은 유한하며 시간은 화살같이 빠르다. 바로 이 글을 읽는 순간에도 오늘은 당신에게서 멀어지고 다시 돌아오지 않는다. 동시에 또 다른 내일을 다가오며 우리는 점점 늙고 결국 죽게 된다. 그래서 순간을 소중히 여기는 것은 인생을 연장하는 것과 같다.

'지금'이라는 말에는 하는 일, 있는 곳, 주변에서 함께 일하고 생활하는 사람을 모두 포함해야 한다. '지금을 사는 것'은 현재의 초점을 자기 주위에 있는 사람과 일, 상황에 두어야 한다는 것이다. 이에 공감한다면 순간을 소중히 여겨라. 전심으로 그것을 받아들이며 음미하고 몰입하여 최선을 다해야 한다.

옛날 꿈에서라도 과거 시험에 합격하고 싶어 하는 서생이 있었다. 하지만 그는 무슨 일을 할 때마다 늘 이렇게 말했다.

'에이, 오늘은 이만하면 됐다. 나머지는 내일 하지 뭐!'

그는 이런 식으로 하루하루를 보냈다. 그의 게으름은 날이 갈

수록 더해졌고 전혀 머리를 쓰지 않았다. 결국에는 외우고 쓰려는 의지조차 사라졌다. 과거 시험은 매년 보았지만 당연히 합격하지 못했다. 그는 과거를 보고 돌아온 날이면 이렇게 말했다.

'올해 시험은 너무 어려웠어. 다음 해에 잘 봐야겠어. 내일부터 공부하려면 오늘은 잠을 푹 자야 해."

이 서생은 내일을 기다리느라 자신이 실존하는 오늘을 붙잡지 못했다. 결국, 그는 꿈을 이루지 못하고 눈을 감아야만 했다.

지금을 살아가는 우리는 선대先代의 실패를 교훈으로 삼아야 한다. 매 순간을 소중히 여긴다는 것은 오늘을 소중히 한다는 것과 같다. 원리는 매우 간단해보이지만 대다수 사람은 '현재'에 집중하기 어려워한다. 그래서 미래를 위해 오늘을 산다고 말한다.

미래의 일로 손에 잡히지 않고, 저 멀리에 있어서 확실하지 않은 것에 집중하지 말자. 현재 내 주변에 있는 확실한 상황이 삶에 더 의미가 있다. 오늘을 제대로 산다는 것은 최선을 다해 앞으로 나가고, 꿈을 실현하기 위해 고군분투 노력하라는 말이 아니다. 자신이 맡은 일에 전심전력을 다 하되 어떤 상황에서도 자기 일을 중시하고 사랑하라는 것이다. 그렇게 하면 격려와 지지를 보내는 사람의 소중함을 알고 함께하는 기쁨을 나누게 된다. 기쁨이 커질수록 의욕이 생기니 지지부진했던 상황은 나아지고 업무 능력도 높아진다. 그로 인해 자신에게 주어진 책임을 확실히 알고 매일 주어진 업무를 열심히 완성할 수 있다. 이는 행복 순환의 법칙으로 '하이얼 기업'의 홍보 문구이기도 하다.

"오늘의 일은 오늘 끝내고, 그런 하루가 쌓이면 자신만의 다채로운 행복을 갖게 될 것이다!"

45

일찍 깨달은 만큼 일찍 누리는 행복

젊을 때는 인생의 진리를 이해하지 못한다. 중년 즈음엔 이해하고 싶으나 이해가 어렵다. 나이가 들었을 때는 어느 정도 이해하게 되지만 이미 너무 많은 것들을 잃어버린 뒤다. 그러므로 이 이치를 빨리 깨달으면 굽은 길을 안 가고 좌절하지 않게 된다. 삶의 길을 더 평온하고 순조롭게 걸을 수 있고 행복을 느끼는 감흥도 더 커진다.

행복은 사람의 마음이 편안한 환경과 생활을 뜻한다. 자신이 마음먹은 대로 되었을 때 느껴지는 충만한 기쁨이다. 이 행복은 사람마다 각기 다른 이해와 경험이 있기에 행복의 기준이나 척도도 모두 다르다. 인생의 여정 속에서 아름다운 부분들을 경험한 만큼 더 풍성하게 느끼고 행복해할 줄 안다.

행복은 내면 깊은 곳의 깨달음이어서 일부러 솟아오르게 하지 않는 이상 그 기운을 파악하기 어렵다. 행복하다고 느끼기, 다가온 행복 깨닫기, 일상에서 행복 발견하기는 생에서 매우 중요한 일이다. 아무리 길어도 인생은 100년을 넘지 않는다. 그 안에 일, 도전, 노력, 열정, 성공으로 가득 채우더라도 행복이 빠지면 허탈해진다. 행복을 꽉 붙잡는 법을 배워야 하고 잘 붙잡을 수 있도록 힘써야 한다.

1823년 35세의 시인 바이런George Gordon Byron은 삶에 대한 소망이 사라지기 시작했다. 그의 삶은 죽은 것처럼 무료하게 변해버렸다. 그해 여름 군에 입대한 그는 그리스로 진격하게 되었다. 그는 행군 중에 자신의 고통을 괴테에게 편지로 호소했다.

편지를 받을 당시의 괴테는 이미 75세의 고령이었다. 다른 사람이 보기에 인생이 얼마 남지 않았지만 괴테는 젊은 여성에게 구혼을 준비하고 있었고, 열정 또한 젊은 남자 못지않게 왕성했다. 반면 젊고 유망한 바이런은 삶의 목표가 없었다. 사랑하는 사람도 없고, 결혼할 마음도 없고, 연애도 하지 않고 인생을 전쟁에 던지려 하고 있었다. 그러다 괴테의 답신에 활력 넘치는 괴테의 모습을 발견한 바이런은, 자신은 젊은 노인이고 괴테는 나이 든 젊은이라고 말했다. 1년 뒤 바이런은 전쟁 중에 병사하였다. 죽기 전에 그는 의사에게 말했다.

“나는 내 삶에 질렸어요. 나는 하나도 행복하지 않습니다. 나는 이 피곤한 삶을 끝내기 위해 그리스에 왔어요. 지금 나를 구하려고 하는 것도 아무 의미가 없습니다. 그냥 가주세요!”

반면 괴테는 구혼에 성공해 행복한 나날을 보내고 있었다. 그의 시는 모두 화려했으며 열정이 가득 차 있었다.

바이런과 괴테의 차이점은 무엇일까? 누구는 젊은 나이에도 비관적인 삶을 사는데 누구는 나이에 관계없이 행복한 삶을 살까? 단순히 성격 차이일까? 아니면 환경이나 상황 차이일까? 그렇지 않다. 긍정적으로 행복의 가능성을 찾고 볼 줄 아는 마음의 차이이다. 일, 성공, 꿈 등도 중요하지만 그 안에 행복이 없으면 불행하다. 바이런 역시 세상에서 가장 진귀한 것이 행복임을 깨닫고 긍정적인 마음으로 살았더라면 삶이 달라졌을 것이다. 기쁨과 즐거움이 교차하며 삶의 희열을 느꼈으리라. 하지만 자기 삶에서 기쁨을 우울로 덮어버린 바이런은 마음속 행복을 솟아오르게 하지 않으니 인생도 그에게 행복을 보여줄 수 없었다. 결국 우울과 원망 속에서 죽을 수밖에 없었다.

행복은 음미하는 것이고 느끼는 것이다. 사람이 깨닫는 감정 중 하나이며 확실하게 이해할수록 더 큰 행복으로 다가온다. 이해하고 이해받는 것은 서로 통하는 것이어서 이해하는 사람끼리는 행복해질 수 있다. 기쁨과 만족을 키울 수 있다. 행복의 층위는 각양각색이고 넓고 고르게 퍼져 있다. 하지만 행복이 스스로 달려와 당신 품에 안기지는 않는다. 매사에 불평불만을 쏟아놓는 사람에게서는 도망친다. 응어리진 마음을 풀지 못하는 사람, 이기적인 사람, 관용을 베풀 줄 모르는 사람, 배려심이 없는 사람이 어떻게 행복할 수 있겠는가?

괴테는 "당신이 이해할 수 없는 것은 당신이 소유할 수 없다."라고 말했다. 우리가 행복을 느끼고 기억하는 법을 배우면 삶이 무료하다고 불평하지 않는다. 평범하고 재미없다고 생각지도 않는다. 행복의 범위를 넓힐수록 공허함과 외로움은 찾아들지 못한다. 당신의 가슴에는 이전에 경험한 행복뿐만 아니라 아직 누려본 적 없는, 앞으로 기대할 수 있는 행복까지 보관되어 있다. 그것을 솟구쳐 오르게 하자.

46

걷고 있는 길에서 멈추지 마라

'현재'의 소중함은 아무리 강조해도 지나치지 않다. 인생에서 가장 중요한 시간이기도 하지만 현재의 활동으로 미래가 결정되기 때문이다. 자신이 기록한 과거는 지나왔고 되돌아갈 수 없다. 위대한 과학자, 돈 많은 부자, 사상을 지배하는 철학자도 지나온 시간은 단 1초도 되돌릴 수 없다. 그렇게 보면 시간이란 참으로 공평하다는 생각이 든다. 누구나 '현재'를 같은 속도로 지나고 있기 때문이다. 그래서 더더욱 중요해지는 순간이기도 하다. 현재를 통해 미래로 가는 데 이 시간을 어떻게 활용하느냐에 따라 미래를 다르게 맞이한다. 이를 잘 아는 영국의 극작가인 셰익스피어는 "시간이라는 시계에는 현재라는 두 글자만 있다."라고 말했다.

어느 날 아름다운 여성이 철학자에게 물었다.

"당신과 결혼하고 싶어요. 저랑 결혼하면 당신은 이 세상에서 가장 행복한 사람이 될 거예요. 앞으로도 저만큼 당신을 사랑하는 사람을 만나지 못할 거예요."

철학자는 아가씨에게 말했다.

"그렇다면 생각할 시간을 좀 주세요."

그때부터 철학자는 그의 철학적 사고 능력을 동원해 결혼과 결혼하지 않는 것의 좋은 점을 비교하기 시작했다. 그리고 결혼하는 것과 결혼하지 않는 것의 장점과 단점이 같다는 것을 발견했다. 그래서 그는 그가 걸어보지 않은 길을 경험해보겠다고 결정했다.

그는 그 여자의 집에 찾아갔다. 그녀의 아버지가 거실에 앉아 있었다.

"저는 생각을 마쳤습니다. 따님과 결혼하겠습니다."

그녀의 아버지는 철학자를 보고 말했다.

"당신은 이미 늦었소. 그녀는 지금 세 아이의 엄마가 되었소."

오래 지나지 않아 철학자는 번민하다가 죽었다. 죽기 전에 그는 자신이 생전에 쓴 작품들을 다 불태우고 유언을 남겼다.

"인생의 전반부에는 망설이지 말고, 후반부에는 후회하지 마라!"

우리는 모든 일에 과감히 결정하는 것 같지만 의외로 결정을 망설이느라 많은 기회를 잃어버린다. 주변 사람에게 조언을 구하며 특별한 해법을 찾으려고 하지만 자신의 마음과 같지 않아 흔쾌히 받아들이지도 못한다. 자기 의지대로 진행하자니 실패의 두려움이 엄습한다. 잘못된 선택을 하면 안 된다는 강박에 나중에는 자기 주관은 사라지고 어떻게 해야 할지 몰라 두 손 들게 된다. 그러나 그 시점에서도 변하지 않는 사실 하나는 주저하고 머뭇거리는 순간에도 시간은 계속 흘러간다는 것이다.

"지나던 길이 있다면 길을 잃지 말고 걸어라."는 속담이 있다. 여기서 '길'이란 자신의 인생이자 삶을 말한다. 그 길을 가는 데 있어서 정신을 똑바로 차리고 걷는 데 집중하라는 의미이다.

무의식으로 길을 걸으면 어디로 가는지, 어디서 쉬어야 하는지, 자신을 지나치는 사람이 누구인지 알지 못한 채 그저 습관대로 길을 걸을 뿐이다. 그렇게 길을 걸으면 그 길의 아름다움을 발견할 수 없고, 삶의 진정한 의미를 깨닫지 못한다. 시간의 흐름대로 마냥 걷기만 할 뿐 걷는 가치를 잃어버린다. 그래서 그에게는 기쁨이나 행복도 없고 걷는 과정의 즐거움은 더더욱 없다.

자기 삶의 선택에서 심사숙고하되 시간을 허비하지 말자. 인생이란 길은 직선으로 난 100m 트랙이 아니다. 굽이굽이 돌아가는 길이고 오르막과 내리막이 혼재된 길이다. 발꿈치를 들고 그 길을 내다보려 해도 몇 미터 앞밖에 보이지 않는다. 차라리 가던 길에서 길을 잃지 않도록 꿋꿋이 걷는 편이 낫다. 그 길에서 발생하는 일에 최선을 다하고 만나는 사람과 인연을 소중히 여기자. 걷기에 지치지 않아야 먼 길을 갈 수 있다. 삶에 지치지 않도록 밝은 웃음을 잃지 말자. 그것만이 당신을 지탱해주는 힘이 된다.

47

미래를 잡으려면 현재를 따라나서라

시간의 걸음걸이에는 세 가지가 있다. 느릿느릿 오는 미래, 화살처럼 빠르게 날아가는 현재, 영원히 멈춰 움직이지 않는 과거이다. 시간의 걸음을 쫓기 위해선 현재를 따라나서야 한다. 성큼 앞서지 말고 그것이 몰래 달아나지 않도록 붙잡고 이용하자. 그렇지 않으면 현재는 당신을 따돌리고 달아나고 인생은 어떤 목표도 없이 그저 무료하게 흘러가게 된다. 떠놓은 물처럼 어떤 의미도 없어진다.

시간을 붙잡아야 한다. 움켜쥐고 자신이 원하는 대로 활용되도록 주물러야 한다. 처음에는 마음대로 시간을 주무를 수 없다. 시간이 워낙 밀고 나가는 성질이 강해서 어느 한 사람의 손아귀에 잡히려 들지 않는다. 그럴수록 시간 운용을 포기해서는 안 된다. 시간은 영원히 현재라는 두 글자밖에 모른다. 매 순간을 책임지겠다는 마음가짐으로 시간을 잡으면 생각보다 쉽게 자신에게 적응시킬 수 있다. 시간은 인생을 나타낸다. 더 많은 시간을 쟁취하고 붙잡고, 시간이 당신을 위해 일하도록 다스리자. 짧은 인생이지만 시간을 붙잡아 길게 활용할 수 있다.

과거는 이미 지나갔다. 어떤 조건을 제시하더라도 만회할 수 없다. 하지만 미래는 미지수이고 현재에 의해 결정된다. 미래를 위해 현재를 잘 살아낼 때 후회를 남기지 않도록 힘써야 한다.

어린 동자승이 있었다. 아침마다 일찍 일어나서 사원 청소를 맡고 있었다. 하지만 동자승에게 사원 청소는 매우 어려운 일이었다. 사원에는 매일 수많은 잡동사니가 나뒹굴었다. 특히 가을이면 바람이 불 때마다 낙엽이 한가득 쌓였다. 그럴 때면 바쁘게 일해도 낙엽을 다 쓸지 못했다. 동자승은 그 때문에 머리가 아프고 짜증이 났다.

딱 한 번 청소로 땅에 떨어진 모든 낙엽을 깨끗이 치울 수 있다면 얼마나 좋을까? 동자승은 절의 다른 스님들에게 어떻게 하면 좋을지 물었다. 한 스님이 대답했다.

"매일 청소하기 전에 나무를 힘껏 흔들어봐. 그렇게 하면 떨어질 것 같은 잎들이 다 떨어지겠지. 그럼 너는 엄청 바쁘게 일하지 않아도 될 거야."

동자승은 이 말이 일리가 있다고 생각했다. 그래서 다음 날 일찍 일어나서 정원에 있는 모든 나무를 있는 힘껏 흔들었다. 이렇게 하면 앞으로 떨어질 잎들을 한 번에 청소할 수 있을 거라고 믿었다.

다음 날 정원에 간 동자승은 눈이 동그래졌다. 정원에는 낙엽이 여전히 많이 떨어져 있었다. 동자승은 참을 수 없어서 주지 스님에게 물어보러 갔다. 주지 스님은 동자승의 머리를 쓰다듬으며 말했다.

"어리석구나. 네가 아무리 노력해도 내일 떨어질 낙엽을 미리 떨어지게 할 순 없느니라."

내일 일은 아무도 모른다. 내일 일은 내일이 되어야 알 수 있다. 오늘을 사는 사람은 '내일'이란 문제를 영원히 풀 수 없다.

불교의 섭리는 "지금을 살라!"고 충고한다. 그렇다면 무엇이 지금인가? 간단히 말하면 지금에는 눈앞의 사람, 주변의 일, 그 순간의 감정이 포함된다. 지금을 산다는 것은 과거를 슬퍼하지 않고, 미래를 기뻐하지 않으며 진심으로 그 순간의 감동과 행복에 집중하는 것이다.

과거로 돌아갈 수 있는 사람은 없다. 그래서 역사도 변할 수 없다. 또 누구도 미래로 갈 수 없으므로 예측할 방법도 없다. 우리가 알 수 있는 건 오직 지금뿐이다. 자신이 가진 사랑과 지혜를 지금의 삶에 녹여내서 진실하게 인생을 느낀다면 그것이 바로 행복이다.

'현재'에 집중하자. 미래의 '꿈'에 파묻혀서 자신을 잃어버리고 현재를 잃어버려서는 안 된다. 내일이나 내년 혹은 노후를 위해 더 많이 벌어야지, 더 큰 집으로 이사 가야지, 더 좋은 직장에 들어가야지, 승진해야지, 일해야지, 모아야지, 이겨야지 하며 현재를 건너뛰려고 하지 마라. 그것들은 자신의 '현재'가 행복하다고 느낄 때 열리는 열매이다.

중국 문학가 루쉰의 명언 중에 "시간은 곧 인생이다. 이유 없이 다른 사람의 시간을 허비하는 것은 재물을 탐내서 사람을 해치는 것과 다름없다."라는 말이 있다. 시간을 관리하는 법을 배우는 것은 하나의 매우 중요한 학문이다.

시간은 금과 같지만, 금으로 시간을 살 수 없다. 하루, 한 시간, 일 분, 일 초는 모든 사람에게 공평하게 주어지지만 이를 이용하는 부지런한 사람에게 시간은 많은 열매를 준다. 게으른 자는 백발 외에 아무것도 주어지지 않는다.

48

아직 알아차리지 못했을 뿐 당신은 행복하다

사람은 선천적으로 탐욕스러워 현실에 만족하지 않고 더 많은 것을 갖고 싶어 한다. 옷과 음식, 생필품이 살아가는 데 충분해도 더 호화로운 삶을 추구한다. 자신이 가지고 있는 상태가 최상이라고 여기지 않는 것이다. 더 크고 비싸고 고급스러운 남들이 부러워할 만한 것들을 가지고 싶어 한다. 하지만 이러한 탐욕과 불만이 자신을 행복에서 멀어지게 만든다는 사실을 기억해야 한다. 지금 자신이 가진 것들에 감사하고 즐거워해야 또 다른 행복이 스며든다.

천하를 다 가진 국왕이 있었다. 세상을 호령하는 그이지만 어떤 파티나 모임에 가서도 아무것도 느낄 수 없었고, 항상 뭔가 부족하다는 생각이 들었다. 아주 중요한 무엇인가 빠진 느낌이었다. 그러나 아무리 둘러봐도 모든 것이 풍족했다. 신하며 시종들은 모두 자신의 말에 복종했고 금은보화가 차고 넘쳤다. 국왕은 혼자만의 시간이 되면 왜 만족하지 못하는지 자책했다.

어느 날 국왕은 주방에서 누군가 노래를 즐겁게 흥얼대는 소리를 들었다. 소리를 따라가니 한 요리사가 행복과 기쁨이 가득한 얼굴로 노래를 부르고 있었다. 그는 요리사에게 기쁜 이유를 물었다.

"폐하, 저는 비록 일개 요리사일 뿐이지만 저는 항상 가족들과 즐거운 시간을 보냅니다. 우리에게 필요한 것은 많지 않습니다. 머리 위에 짚으로 된 지붕이 있고, 배 속에 따뜻한 음식이 들어갈 수 있으니 충분합니다. 아내와 아이는 제 정신적 지주입니다. 제가 아주 작은 물건이라도 집에 가져가면 그들은 매우 만족해합니다. 가족이 매일 기쁘니 저도 매일 기쁩니다."

국왕은 요리사의 이야기를 재상에게 전했다. 재상은 요리사를 시험하기로 했다. 주머니에 금화 99개를 넣고 그 주머니를 요리사 집 입구에 걸어 두게 했다.

집에 돌아온 요리사는 문 앞의 자루를 발견하고 궁금한 마음에 자루를 집 안으로 갖고 들어갔다. 자루를 열어본 그는 깜짝 놀라며 매우 기뻐했다.

"금화다! 전부 금화야! 이렇게 많은 금화라니!"

요리사는 자루 안의 금화를 책상 위에 쏟고는 하나씩 세기 시작했다. 금화는 모두 99개였다. 요리사는 이 숫자가 아닐 거라고 생각했다. 그래서 몇 번을 더 세 보아도 여전히 99개였다. 그는 매우 이상하다고 생각했다.

요리사는 '99개일 리가 없잖아? 누가 99개만 넣겠어? 그럼 나머지 하나는 어디 갔지?'라고 중얼거리며 금화를 찾기 시작했다. 그는 지쳐 쓰러질 때까지 방과 정원을 다 찾아보았다. 하지만 결국 찾지 못했고 그는 매우 절망하며 슬퍼했다.

그는 내일부터 열심히 일해서 하루빨리 금화 1개를 벌기로 다짐했다. 하지만 밤에 금화를 찾느라 너무 힘들어서 다음날 아침 그는 늦게 일어났고 기분도 매우 좋지 않았다. 그는 자신이 늦게 일어나서 금화 1개 벌어들이는 목표를 이루지 못한다고 생각했다. 그는 아내와 아이에게 소리를 지르며 제때 깨우지 않았다고 탓했다.

그는 황급히 궁궐 주방에 와서 일을 시작했다. 하지만 예전처럼 신나게 콧노래도 부르지 않았고, 휘파람도 불지 않고 필사적으로 일만 했다. 국왕은 요리사의 엄청난 심경의 변화를 이해하기 어려웠다. 그때 재상이 말했다.

"폐하, 이제 이 요리사는 99% 족이 되었습니다. 99%의 사람은 이런 부류의 사람들입니다. 그들은 많은 것을 가지고 있지만 결코 만족할 줄 모릅니다. 빠진 '1'을 채워 빨리 '100'에 도달하고자 온갖 애를 씁니다. 1을 채우느라 99가 사라져도 모를 겁니다."

국왕은 요리사의 모습에서 자기를 발견하고 씁쓸해했다.

삶에서 충만한 기쁨과 만족을 누리는 사람은 별로 없다. 그러나 반대로 현재 가지고 있는 것들을 하나씩 잃는다고 생각해보자. 가진 재물은 물론이고 일, 가족, 친구, 재능, 건강 등 새로 얻는 것보다 이것들이 더 소중하지 않은가? **100을 채우려고 기를 쓰지 말고 먼저 자신이 가진 것들에 감사하자. 당신이 채우려는 1은 99가 주는 즐거움에 비하면 대수롭지 않은 것이다.**

49

이왕이면
행복이 꼬리에 꼬리를 물게 하라

어느 리서치 기관에서 사람들이 느끼는 행복에 대해 조사를 했다. 조사에 의하면 72%에 달하는 사람들이 한 번도 행복해본 적이 없다고 응답했고, 단 7%의 사람만이 매우 행복하다고 했다. 특이한 점은 행복을 느끼는 소득의 층위를 분석한 결과 중산층 이하는 만족도가 높았고, 오히려 상류층은 삶의 만족도에서 현저히 낮은 점수를 줬다.

어느 것에서든 만족하지 못하는 사람들은 행복이 자신과 무관하다며 원망할 이유를 찾는다. 더 좋은 재료의 음식을 먹지 못했고, 깨끗한 공기를 마시지 못했고, 마음을 나눌 친구를 찾지 못했고, 큰 아파트를 사지 못했고, 통장 잔고는 언제나 부족하고, 얼굴도 예쁘지 않고, 휴대전화는 신형이 아니고, 수년째 타고 있는 차도 국산차라 마음에 안 든다는 등 줄줄이 쏟아낸다. 그렇다면 이를 모두 갖춘 사람은 불만이 없을까? 아마 먹을 만큼 풍족한 음식을 앞에 두고도 고급 음식점이 아니라 탓하고, 깨끗한 공기를 찾아 산에 올라도 힘들다고 탓하고, 큰 아파트를 가진 자는 새 아파트가 아니어서 불만일 것이다. 불평은 꼬리에 꼬리를 물고 이어져 끝내는 불행의 웅덩이로 자신을 몰아넣는다.

불행하다고 느낄 때면 "만족할 줄 알면 항상 즐겁다."라는 격언을 떠올리자. '만족할 줄 아는 것'이란 이미 얻은 것(삶에 대해서나, 바라는 것에 대해서나)에 만족하는 것이다. 이미 얻은 것에 만족할 줄 알면 심적으로 안정을 되찾을 수 있다. 개인이 안정되면 사회는 분명 안정될 것이고 사회적 갈등도 상당수 줄어들게 된다. 그로 인해 사람들의 행복지수도 높아진다. 먹을 수 있는 음식이 있다는 것에 고마움을 느낀다면 일을 해서 돈을 번 자신에게 뿌듯하고 더불어 그 일을 준 사회에 감사한다. 이렇게 작은 것 하나에 만족하고 기쁨의 이유를 찾으면 행복이 꼬리에 꼬리를 물고 찾아온다. 자, 이제 불만과 행복 중 어느 것을 먼저 생각해야 할까?

안타깝게도 자기 삶에 만족하지 못하는 사람들이 많다. 그들은 자신이 어떤 손해를 보고 사는지 알지 못한다. 잃어버리는 것들은 눈에 보이지 않기 때문이다. 그들은 "도대체 왜 만족해야 하는가?"라고 묻는다.

'만족'할 줄 아는 것은 인생에서 얻기 어려운 처세술이다. 욕망은 쇠사슬처럼 연결되어서 끝이 없고 영원히 채울 수 없다. 만족할 줄 안다는 것은 명예에 관심이 없으며 속세의 욕망을 뛰어넘어 마음의 평안을 얻는 것을 의미한다. 만족할 줄 아는 것은 다른 사람과 맹목적으로 비교하는 것을 그만두고 자신이 가진 것에 감사하는 것이다. 건강한 몸, 사랑하는 사람과의 연애, 서로 생각해주는 가족, 친구와의 교감, 선생님의 훈계, 선배의 신신당부같이 사소한 것 등은 우리가 만족할 줄 알아야 하는 근거이자 이유다.

하지만 상대적 개념이 종종 우리를 괴롭힌다. 우리의 시선은 자신을 보는 것보다 상대를 보는 데 익숙하기 때문이다. 자신이 가지지 못한 것을 상대가 가지고 있거나 누리고 있을 때 눈에 먼저 들어온다. 이는 부러움과 시샘으로 변하고 열심히 자신을 채근한다. '저것을 갖기 위해 너는 더 노력해야 해!'라고 생각하며 너그러웠던 마음은 일순간 탐욕으로 점철되기도 한다.

이제 당신이 가야 할 길은 정해져 있다. 상대가 가진 것을 향한 집념과 그것을 갖기 위한 분투이다. 그것을 쟁취해야만 즐거움과 행복을 되찾을 거라고 믿는다. 과연 그럴까? 다른 경험들에서도 느끼겠지만 한 번 잃어버리면 되찾기 힘들다. 행복도 그렇다.

당신은 평생을 살고, 평생을 일하며, 평생을 싸우면서 평생을 생활해야 한다. 그 안에 행복이 눌러앉게 하고 자기에게 주어진 행복을 정확히 보자. 그 행복 위에서 자기 위치를 바로잡고, '정도'를 잘 파악하면 부정적인 요소도 긍정적인 요소로 변화시킬 수 있다. 성공으로 가는 길과 행복으로 가는 열쇠를 장악하게 된다.

시대에 따라 행복의 정의와 추구하는 바도 달라졌다. 오늘날은 과거 행복의 기준이 얼마나 작고, 비천하며 한결같았는지 상상하기 어렵다. 사냥하던 시절에는 매머드 한 마리를 잡으면 그야말로 축제가 열렸다. 배불리 먹을 수만 있다면 죽어도 여한이 없다던 시절도 있었다. 먼 훗날 이처럼 우리가 추구한 행복이 아주 일상적인 일이 될 수 있다. 이를 위해 전전긍긍하지 말자. 당신은 행복하다. 단지 아직 모를 뿐이다.

50

행복은 아주 가볍고 단순하며 쉽다

시장에서 천을 파는 가게가 있었다. '청결하고 우아한 홈 핸드메이드 패션 포목점'이 그 가게의 간판이다. 그런데 어느 날 간판을 한 글자인 '천'으로 바꾸었다. 사람들은 단순해서 좋다고 칭찬했다. 이 가게의 영향을 받아서인지 옆의 가게도 간단한 큰 글자로 간판을 바꿨다. 치킨집은 '매콤달콤 맛있는 치킨'이 아닌 '닭'으로 간판을 바꿨다. 간판을 제작하는 글자 수에 따라 비용이 더 들어가서 돈을 아낄 겸 한 글자로 했다고 했다. 이 한 글자 간판은 복잡하고 화려한 다른 간판들 속에서 상대적으로 눈에 잘 띄었다.

행인들은 모두 한 글자 간판이 심플하고 지혜로운 아이디어라고 칭찬했다. 근처에는 치킨 가게와 천 가게가 없고 주요 고객층도 근방의 고객들이어서 혼선을 빚을 일도 없었다. 고객들 모두 가게에 익숙해져 있어서 화려한 간판으로 영업할 필요도 없었다.

우리가 사는 삶도 이와 비슷하다. 매우 복잡하게 뒤섞인 것처럼 보이는 것도 사실은 목적지와 출발지 사이를 하나의 직선으로 연결이 가능하다. 여기저기 이것저것 신경을 쓰고 살지만 실질적으로 불필요한 것들이 많고 삶의 본질에서 벗어난 곁길인 경우가 대다수이다.

행복은 생각보다 단순하다. 가족과 함께 먹는 삼시 세끼, 고개를 들면 볼 수 있는 찬란한 태양, 달콤한 사랑, 좋아하는 음악, 즐기는 운동, 조곤조곤 나누는 대화, 서로 다투는 소리 등도 단순한 행복에 포함된다. 행복은 또 복잡하지 않다. 배고플 때 밥을 먹고 배부를 수 있다면 행복이다. 목마를 때 마실 물이 있는 것, 입을 수 있는 옷이 있는 것, 가난할 때 쓸 수 있는 돈이 있는 것, 피곤할 때 쉴 수 있고 졸릴 때 잘 수 있는 것이 행복이다. 걱정해줄 사람이 있고 헤어질 때는 추억할 거리가 있는 것도 행복이다.

한 사람의 행복이 그가 얼마만큼 가졌는가에서 오지 않는다. 자신이 가진 것을 어떻게 보는지에 달렸다. 행복은 항상 우리 곁에 있는데 그것을 보지 못한다면 기뻐하는 마음이 부족한 탓이다. 기쁨을 발견하는 눈이 없고, 만족하지 못한 채 행복을 비워버린 마음이 원인이다. 이런 이들은 세계 1위의 갑부가 되더라도 행복을 모른다. 모든 것이 풍족해도 불만의 요소를 먼저 보기 때문에 자신이 왜 행복하지 못한지 의구심을 갖는다. 행복을 위해 엄청난 대가를 치뤘지만 여전히 아무것도 얻지 못했다고 투덜댄다. 행복의 의미와 반대된다는 사실을 모르기 때문이다.

행복한 생활은 단순하고 간단하다. 부유하지는 않지만 건강한 생활이 가능하고, 높은 지위는 없지만 웃을 수 있는 감정을 가지고 있으면 된다. 당신이 행복할 수밖에 없는 이유이기도 하다. 어떤 사람은 기쁨을 얻으려고 온힘을 다하는 데도 마음을 열지 못해 행복을 느끼지 못한다. 열정적이지만 여유를 찾지 못하는 까닭이다. 행복은 당신 삶의 태도를 반영한다.

로렌은 졸업하자마자 결혼해서 베트남으로 이주했다. 그들은 매혹적인 풍경과 특유의 분위기 그리고 베트남인들의 여유로운 생활방식을 매우 좋아했다. 로렌은 인터뷰에서 이렇게 말했다.

“베트남의 생활은 검소하고 단순한 삶이에요. 미국처럼 요란한 광고 마케팅도 없고, 스팸메일도 없고, 신용카드도 필요 없어요. 생활필수품만 사고, 여태껏 마음대로 돈을 쓴 적이 없어요. 여기에선 절대 필요하지 않은 것을 사고 싶다는 마음이 없어요. 세일을 한다는 광고가 소비자를 유혹하지 않거든요. 이 나라에 사는 많은 외국인은 물질적으로 풍요롭지 않지만 안정과 행복을 확실히 느끼고 있어요. 스스로 선택할 수 있는 자주적인 삶을 사는 것에 만족하지요. 이런 삶은 간단하지만 기쁨이 많아요. 우리 집은 바로 그런 많은 행복한 가정 중 하나입니다."

그녀는 미국의 몇몇 친구에게 베트남 생활을 들려주었다. 하지만 그녀의 이런 생활을 그 누구도 이해하지 못했다는 말도 덧붙였다. 무조건 돈이 있어야 문제가 해결되고 원하는 것을 이룰 수 있는 미국에서는 상상조차 할 수 없는 일이었기 때문이다. 돈이 많고 적음을 떠나 어떻게 해야 행복하고 기쁠 수 있는지 방법을 찾아야 한다.

51

행복을 가리는 부러움의 커튼을 걷어라

행복은 복잡하지 않다. 기분 좋음을 느끼는 방법도 매우 단순하다. 여유로운 여가 시간, 충분한 에너지, 자유로운 공간, 안정된 마음, 단순한 생활 등 정서적으로 충족되면 가능하다. 물욕에 따라 몸과 마음이 움직이지 않는다면 행복을 느낄 수 있다.

사람들은 행복해지기 어렵다고 여긴다. 그래서 찬란한 등불이 비추는 곳에 집중하고 은은한 불빛이 있는 곳을 경계한다. 그러나 찬란한 불빛이 비추는 곳은 돈이 있어야 가능한 풍족한 생활이다. 자신이 가진 것보다 훨씬 좋은 것들, 동경하고 갈망하는 것들이 거기에 있다. 그것을 가지지 못한 자신이 초라해보이고 슬퍼진다. 아무리 노력해도 그것을 가질 수 없다는 결론에 이르면 자포

자기하게 된다. 세월이 흐른 뒤에야 그것들은 물거품 같은 것이어서, 그것 없이도 살아냈고 잘 살 수 있다는 사실을 깨닫는다. 일찍 만족하는 마음이 있었다면, 위로를 받았다면, 정신적으로 건강하게 살았다면 엄청난 행복을 누렸을 것이라고 후회한다.

산책길에 만나는 노부부의 다정함이나 가족의 정겨움은 물질의 풍요가 수반되어야 가능한 일이 아니다. 어린 자녀와 아이스크림을 나눠 먹는 아빠, 콧노래를 부르며 엄마 손을 잡고 등교하는 아이, 할머니의 장바구니를 들어다주는 학생의 모습은 보는 이들을 감동시킨다.

고개를 돌려 우리의 현재 삶을 생각해보라. 사회가 발전하면서 다양한 먹거리, 놀거리, 볼거리가 많아졌다. 무료 전시회와 공연도 많다. 지역마다 공원이나 쉼터도 잘 조성되어 있고 마음만 먹으면 얼마든지 이용할 수 있는 멋진 공공장소도 많다. 이런 소소한 행복은 놓치고 반짝이는 조명의 행복만 추구하고 있는 것이다. 지금 손에 든 달콤한 아이스크림에 만족하지 못하고, 어떤 브랜드의 아이스크림을 먹어야만 행복하다고 느끼는 격이다. 다른 사람과 함께 나눠 먹을 생각도 하지 못한다. 나눔에서 얻을 수 있는 행복은 잊고 사는 것이다.

행복에는 해답도 없고 정답도 없다. 행복의 의미는 무한하다. 행

복을 마음으로 발견한다면 따뜻한 안부 문자, 사랑의 훈계, 초여름의 시원한 바람, 소소한 일상생활에서도 행복을 느낄 수 있다. 이미 행복을 받아들일 준비를 하고 있기 때문이다.

웃기는 옛날 영상을 보는 것, 신문에 실린 유머를 읽는 것, 아이들의 천진난만한 웃는 얼굴을 보는 것 등은 우리의 미소를 유발한다. 자신이 웃고자 한다면 주변에 웃음 지을 소재가 널려 있다는 말이다. 여유가 없고 어떤 일에 집중하고 있어서 웃음을 포착해내지 못할 뿐이다. 그로 인해 삶이 너무 복잡하고 지겹다고 여기는 것이다.

아인슈타인은 사람들이 추구하는 저속한 목표, 재산, 허영되고 사치스러운 생활은 모두 비열한 것이라고 말했다. 이것은 여행 갈 때 가방에 온갖 장비를 가득 챙겨야만 마음 놓고 여행을 잘할 수 있다고 믿는 것과 같다는 것이다. 그렇게 여행을 가면 무거운 짐 때문에 쩔쩔매며 뒤처지게 된다. 여행에 필요한 것은 몇 개의 필수품뿐이지 복잡할 필요가 없다. 이것도 챙기고 저것도 챙기면 단순함에서 오는 기쁨을 누리지 못한다. 복잡하게 꾸미는 것은 행복 찾는 길을 어렵게 할 뿐이다.

행복이란 무엇인가? 자신이 좋아하는 일을 하고 자신이 좋아하는 사람과 함께하는 것이 바로 행복이다. 바라는 것이 이루어지는 것은 행복한 일이다. 만족할 줄 알고 즐거워하는 것도 행복이다. 소박한 삶을 즐기는 것도 행복이다. 우리가 어떤 마음으로 행복을 보느냐에 따라 행복은 어디에든 있을 수 있고 반대로 어디에도 없을 수 있다. 삶의 곳곳에는 단순한 행복이 깃들어 있다. 마음을 열고 행복을 느끼자. 그럼 행복이 당신 가까이 온다. 일상에 지친 마음 때문에 행복에 무감각해진 것은 아닌지 매일 반문하라.

세상은 너무 급하고 화려하며 복잡하다. 세상은 당신을 현혹하며 손짓한다. 시선을 잡아끄는 그 유혹에 넘어간다면 아주 단순하고 행복한 삶의 조각들을 보지 못한다. 단순한 삶을 살고, 행복한 삶을 가리는 부러움의 틀을 깨버리자. **행복이란 함께 먹는 밥, 시간의 공유, 한 잔의 차, 함께 나누는 안부 인사같이 삶의 사소한 일들이 모여 이루어진다.**

52

술래가 되어 일상에 숨은 행복을 찾아야 한다

세월이 흘러도 행복했던 순간의 기억은 남고, 그때를 떠올리면 당시 느꼈던 행복이 찾아든다. 그래서 기쁨을 많이 경험한 사람은 그 추억만으로도 이미 행복의 부자가 된다. 좋은 기억이 많아서 혼자 있어도 충분히 흐뭇한 기분을 유지할 수 있다. 반면 고통의 기억, 상처의 아픔은 쉬 가시지 않는다. 그 흉터가 남은 자리를 떠올리는 것만으로도 괴롭다.

선인들은 생로병사, 원망하는 마음, 사랑과 이별, 얻고자 하지만 얻지 못하는 것이 인생에서 피할 수 없는 7가지 고통이라고 말했다. 자연의 이치인 생로병사는 사람의 힘으로 막을 수 없지만 나머지 세 가지는 자신의 통제가 가능하다. 개인의 욕망은 수양을 통해 다스릴 수 있다. 하지만 마음을 다스리는 일이 말처럼 쉽지는 않다.

자신의 가장 큰 적은 자신이다. 생각과 마음이 합일이 안 될 때가 많다. 상대를 미워하지 않아야 한다는 것을 알면서도 이해하려니 괴롭다. 은연중에 미운 감정이 폭발할 때는 자신도 감당할 수 없을 만큼 화가 난다. 욕심을 비우고 가진 것에 만족하며 살고 싶지만 자신에게 주어진 터무니없는 현실이 원망스러울 뿐이다. 더 나은 자신이 될 수 있는 자신이 가진 힘을 믿어야 한다.

그라시안GRACIÁN은 "우리는 가장 잊어야 하는 일을 가장 잘 기억한다. 고통의 이유는 자신에게 있다."라고 말했다. 이 세상에서 당신을 쓰러트릴 수 있는 사람은 다른 사람이 아니라 오직 자신뿐이다. 다른 사람이 눈에 거슬리고 마음에 들지 않는 것은 상대적으로 약한 자신이 보이기 때문이다. 당신이 남에게 화를 자주 내는 이유는 자신의 단점을 보지 못하기 때문이다. 다른 사람 때문에 괴로워하는 이유는 당신이 그를 납득하지 못하기 때문이다.

사람들은 자기 스스로 만들어낸 괴로움을 잘 느끼지 못한다. 또한 알고 나서도 자신에게는 쉽게 관대해지고 문제의 원인을 상대 탓으로 돌린다. 다른 사람에게 받은 상처에 대해 매우 예민하게 반응하며 마음에 담아두고 용서하지 않는다. 사랑에 상처를 받고,

이별하고 나서도 잊지 못하며 자신이 받은 깊은 상처에 탄식한다. 친구 관계에서도 마찬가지다. 어떻게 가장 친한 친구가 나를 배신할 수 있는지 이해하지 못한다. 이는 행복을 가로막는 장애물이 자신 안에 있음을 찾지 못한 까닭이다.

우리는 그러한 감정에서 빠져나오지 못하면 자신을 가장 쉽게 잃어버릴 수 있다. 솔직히 말하면 친구에게 상처받을 필요가 없고, 눈물을 흘릴 필요도 없다. 상처 입은 감정은 이미 우정과 관련이 없고, 화를 낼 필요도 없는 것이다. 왜냐하면 우정을 모르는 사람은 당신의 원망을 받을 자격도 없기 때문이다. 오히려 웃음으로 갚아주자. 당신의 됨됨이를 보여주는 기회가 될 것이다. 고통에서 헤어나오기 어려우면 자신이 다른 사람의 언행에 신경 쓰는 것은 아닌지 생각해보자. 상대에게 집중하지 말고 자신에게 집중하자. 자신이 하는 일과 목표에 신경을 쓰고 자기 밖으로 돌아가는 시선을 제지하는 것이 좋다. 남에게 신경 쓰지 않으면 상처도 받지 않는다. 자신이 책임질 일이 아니라면 그곳에서 오간 말이나 이야기는 바로 잊어버리자. 곱씹어 생각하면 오해가 생기고 지나간 일을 따지면 마음까지 불편해진다.

완벽한 삶이 없듯 완벽한 사람도 없다. 그래도 당신은 기쁨을 찾아야 한다. 기쁨은 다른 사람이 선물하지 않는다. 웃음 포인트, 행

복 포인트는 자신이 결정해야 한다. 주도권은 내 손에 있다. 까다로운 사람은 약간의 흠도 트집잡는다. 아무리 좋은 것이어도 그들은 불평할 이유를 찾아낸다. 그들의 지적은 습관과 같아서 조금만 지나도 자신이 무슨 말을 했는지 알지 못한다.

또한 그들은 자기 자신에 대해 절대 잘못하지 않는 사람으로 착각한다. 남을 지적하면서 쾌감을 느끼고 '내가 너보다 나은 사람'이라고 인정받으려는 우월의식을 갖고 있다. 자기가 행복하려고 다른 사람을 희생양 삼는 꼴이다. 그런 그들 때문에 왜 당신이 고통받아야 하는가? 불평은 어떤 문제도 해결하지 못하고 삶에서 즐거움을 앗아간다. 다른 사람으로 인해 행복이 흔들리고 휘둘려서는 안 된다.

53

실패는 행운을 주는 신의 시험이다

빌은 삶이 편안할 때면 할 일이 없어 무료하다고 느꼈고, 바빠질 때면 공허하다고 느꼈다. 삶에는 즐거움보다 방황이 더 크게 자리 잡고 있다고 생각했다. 희망도 있지만 실망도 있고, 마음대로 되지 않을 때가 더 많다고 느꼈다. 그런 빌은 들판을 거닐며 고민을 털어낼 수 있었다. 농부들은 수건으로 땀을 훔치면서 웃는 얼굴로 밥 짓는 연기가 나는 집으로 돌아갔다. 이런 삶의 풍경을 보자 빌의 마음도 평안해졌다. 빌은 한 노인에게 즐거운 이유를 물었다.

"우리가 기쁜 이유는 농촌 생활을 좋아하기 때문입니다. 나는 낙관적이어서 한 번도 삶을 원망한 적이 없습니다. 내가 심은 야

채와 과일을 먹는데 이것이 바로 세상에서 가장 좋은 음식이라고 생각합니다."

삶은 자연처럼 변화무쌍하다. 중요한 것은 우리가 어떻게 대하느냐에 달려 있다. 낙관적으로 대하면 즐겁고, 비관적으로 대하면 마음이 답답하고 울적해져 끊임없이 걱정하게 된다. 열정 가득한 태도로 임하면 삶이 당신에게 희망을 보여주지만, 원망하고 끊임없이 불평하면 삶 자체가 암울하게 변한다.

미국 내 향우회에서 두 중국인이 만났다. 둘은 외교관 집안 출신으로 시카고대학을 졸업했고 38살이었다. 한 명은 대형 식품회사 사장이고, 다른 한 명은 중학교 중국어 교사였다. 수입도 큰 차이가 있었다. 교사는 이번 향우회에 참석하기 위해 양복도 동료에게 빌려 입었다. 그는 자신의 삶이 실패했다고 생각했다.

"나는 외교관 집안에서 태어났지만 남들이 부러워하는 삶을 살지 못했습니다. 어릴 때는 바쁜 부모님 때문에 혼자 있는 경우가 많았고 밥도 직접 지어 먹었습니다. 부모님은 고등학교를 졸업한 나를 미국으로 데려가 시카고대학에 입학시켰습니다. 하지만 부모님은 내가 졸업할 무렵에는 이미 귀국했습니다. 졸업 후 가까스로 중국어 교사가 되었지만, 십여 년이 지나도 월급이 오르지 않을 줄 누가 알았겠습니까? 요즘은 물가가 급등하면서 갈수록 적게 느껴집니다.”

향우회에 참석한 사람들은 그의 말에 동정을 표했다. 하지만 그의 넋두리가 계속되자 식품회사 사장이 탁자를 치며 일어나 외쳤다.

“이제, 그만하세요! 아직도 할 말이 남았나요? 그대처럼 생각은 없고 불평만 하는 사람은 그렇게 살 수밖에 없어요!”

중국어 교사는 부끄러워 어쩔 줄 몰라 했고 식품회사 사장이 이어서 말했다.

“잔인하다고 생각한다면 제 말을 들어보세요. 대학을 막 졸업했을 때 제 부모님도 귀국하셨습니다. 저는 여기에 남길 선택했고, 처음 사업을 시작했을 때 실패의 연속이었습니다. 그때 세상을 견딜 수 없었고 모든 사람이 미웠습니다. 그들이 모두 나를 공격하는 것처럼 보였지만 이를 악물고 버텼습니다. 그대로 넘어져 있을 수는 없었습니다. 다시 도전하고 실패하면 또 도전하면서 세상과 싸웠습니다. 아니 넘어지는 제 자신과 싸웠습니다. 그 결과 금융위기가 닥쳐 여러 기업이 도산할 때도 저는 버틸 수 있었습니다. 젊은 날의 여러 번의 좌절이 없었다면 스트레스를 견디는 능력과 어려운 상황에 대처할 능력이 없었을 겁니다. 저는 모든 악조건도 우리에게 행운을 가져다주기 위한 시험이라고 믿습니다. 그것을 먼저 깨달아야 성공할 수 있습니다.”

사실 모든 선택은 자신이 한다. 모든 고통의 원인은 자신과 자신의 선택에서 비롯된다. 만약 당신이 충분히 수양하고, 선택할 줄 알고, 직면할 줄 알면 누가 당신을 괴롭게 할 수 있겠는가? **어떤 고통이나 선택 앞에서 우리가 직면해야 하는 것은 진실된 자신이다. 시간이나 장소에 상관없이 우리의 가장 큰 적도 자기 자신이다. 행복으로 가는 길 위에서도 마찬가지다.**

54

태양을 등지면 그림자밖에 보지 못한다

햇빛 아래에 있으면 눈부신 아름다움을 볼 수 있지만, 햇볕을 등지면 자신의 그림자밖에 볼 수 없다. 우리가 알고 있는 관념과 관점을 바꾸면 다른 견해를 가질 수 있다는 것이다. 근심하고 고뇌하며 원망하기보다 관점을 바꿔보자. 그러면 견해가 바뀌고 안정을 얻는다.

불변의 진리가 있다. 긍정적인 생각은 긍정적인 감정을 가져오고, 부정적인 생각은 부정적인 감정을 가져온다. 당신은 주로 어떤 것을 선택하는가? 경우에 따라서 다르다고 대답하는 사람이 있다. 그러나 그 사람의 일생을 통틀어 보면 한쪽으로 기울어 있게 마련이다. 긍정 아니면 부정이다. 일에서도 그렇다. '좋은' 면을 먼저 보는 사람이 있고 '나쁜' 면을 먼저 짚어내는 사람이 있다. 같은 일이지만 어느 관점에서 어떻게 보느냐에 따라 일에 대한 선입견이 달라진다. 더불어 결과에도 영향을 미쳐 다른 성과를 낸다. **행복과 불행은 사실 자신의 관점에 따라 결정된다. 일반적으로 행복하다고 생각하는 사람은 낙관적인 태도로 일하고, 불행하다고 생각하는 사람은 대부분 비관적인 태도로 임한다.**

그렇다면 우리 생각의 관점을 바꿔보자. 행복을 얻는 것과 잃는 것 중 무엇을 택하겠는가? 우리는 분명 행복 얻기를 선택한다. 맹자는 '어아소욕야魚我所欲也'에서 "물고기와 곰 발바닥 두 가지를 다 가질 수 없다."라고 말했다. 행복하기 원한다면 부정적인 생각을 버려야 된다.

학회가 끝나자 어느 한 기자가 재빠르게 단상 위로 올라와 호킹 박사에게 물었다.

"박사님, 류머티즘 때문에 영원히 휠체어에서 살아야 합니다. 박사님은 운명이 당신에게서 너무 많은 것을 앗아갔다고 생각지 않나요?"

그 질문으로 그 자리에 있던 많은 사람이 당황했다.

호킹 박사는 아직 움직일 수 있는 손가락으로 힘겹게 타이핑을 했다. 그러자 신디사이저를 통해 목소리가 흘러나오면서 넓은 스크린에 문장이 띄워졌다.

"제 손가락은 아직 움직일 수 있습니다."
"제 머리는 아직 생각할 수 있습니다."
"저는 끝까지 이루고 싶은 꿈이 있습니다."
"저는 제 가족과 친구를 사랑합니다."
"아 그리고 저는 감사할 줄 아는 마음이 있습니다."

그러자 우레와 같은 박수가 터져 나왔다. 사람들은 특별한 과학자에게 존경을 표했다.

행복은 이처럼 단순하다. 행복은 당신이 가지고 있는 것들의 소중함을 일깨워주고, 무시무시한 불행 속에서도 행복해야 할 이유를 제공한다. 호킹 박사의 성공은 분명 그런 에너지가 긍정적인 마음에 작용하여 정신만큼은 건강하게 살아갈 수 있는 비결이 되었다.

자신을 둘러싼 행복의 싹들을 보라. 무엇이든 좋다. 호킹 박사보다 손가락을 자유롭게 움직이고, 어디든 자유롭게 갈 수 있으며, 생각할 수 있고 음악을 선택해서 들을 수 있다. 가족과 친구들이 있고 주변에는 당신을 향해 웃어주는 이웃과 동료가 있다. 슬프면 울 수 있고, 기쁠 때 웃을 수 있는 건강한 감정이 있다. 한 편의 드라마는 당신을 빠져들게 하고 취미는 즐거움을 준다. 손에 든 전화기에는 안부를 물을 수 있는 대상의 전화번호가 있다. 이보다 기쁜 일들이 또 있을까? 행복의 포인트는 당신이 찾기 나름이다. '난 무척 행복한 사람이었어!'라고 외치고 싶지 않은가. 바로 그거다. 행복하다고 느끼는 감정이다. 그 기분을 알아야 다시 그 감정을 불러낼 수 있다. 한 번 두 번 자주 행복의 감정을 소환하다 보면 생활이 밝아진다. 더불어 웃을 수 있는 이유도 풍성해진다.

태양을 등지면 자신의 그림자밖에 볼 수 없다. 행복한 사람은 마치 활짝 핀 해바라기처럼 태양을 향해 서 있다. 자신에게 일어나는 일들을 품고 긍정적으로 태양을 향해 서자. 그리고 낙관적인 태도로 삶을 대하자.

55

자신을 믿고 움츠린 어깨를 펴라

부유한 상인이 해변에 왔다. 마침 한 어부가 배를 물가에 대고 있었다. 배 위에는 커다란 황어 몇 마리가 있었다. 황어는 시세도 비싸고 잡기도 힘들었다. 부자는 어부에게 비싼 고기를 잡은 것을 축하했다. 그리고 얼마나 오래 낚시해야 이런 물고기를 잡을 수 있는지 물었다. 어부는 잠깐 사이 잡았다고 했다. 부자는 다시 물었다.

“그렇다면 왜 더 많이 잡지 않나요?”

“우리 가족의 하루 생활에 이 정도면 충분합니다!”

어부는 아주 만족스러워했다. 부자가 다시 질문했다.

“물고기 잡는 일 말고 다른 시간에는 무엇을 하나요?”

"할 일은 많지요. 저는 매일 저절로 깰 때까지 잡니다. 그리고 바다로 나가 물고기 몇 마리를 잡습니다. 돌아오면 아이들과 놀다가 낮잠을 잡니다. 황혼이 마을에 드리울 즈음이면 동네 친구들과 술도 좀 마시면서 담소를 나눕니다."

이에 부자가 기운 빠진 목소리로 말했다.

"저는 미국 하버드대학에서 경영학을 전공했습니다. 제 직언에 오해 없으셨으면 합니다. 제가 보기에 당신은 너무 의욕이 없습니다. 매일 더 많은 시간을 고기잡이에 써야 합니다. 그러면 좀 더 큰 배를 살 돈이 생길 거고 물고기도 더 많이 잡을 수 있습니다. 그렇게 돈을 많이 벌면 어선단도 꾸릴 수 있고 생선을 직접 가공 공장에 팔 수도 있어요. 아니면 직접 통조림 공장을 차려 사업을 할 수도 있고요. 그렇게 되면 이 작은 어촌을 떠나 대도시로 이사해서 당신의 회사와 사업을 꾸준히 확충하고 운영하는 겁니다."

어부가 의미심장하게 물었다.

"그렇게 되는 데까지 시간이 얼마나 걸리겠습니까?"

"아마 20년 정도 걸릴 겁니다."

"그 뒤에는요?"

"은퇴하는 거죠. 그러면 다시 해변의 작은 어촌으로 가서 살 수 있어요. 매일 자연스레 깰 때까지 자고, 바다에 나가 마음대로 물고기 몇 마리를 잡고, 아이들과 노는 거죠. 낮잠을 자고 나서 황혼 무렵엔 마을을 어슬렁거리며 술을 마시면서 친구들과 얘기하고요"

어부는 이해가 안 된다는 듯이 말했다.

"저는 이미 그렇게 살고 있지 않습니까?"

행복은 바로 우리 곁에 있다. 이 단순한 원리는 너무 당연해서 사람들에게 무시당한다. 그래서 삶을 마칠 때까지도 부자처럼 이 점을 깨닫지 못하는 것이다.

어부는 이미 매우 행복한 삶을 살고 있었다. 무엇이 자신을 위해 최선인지 알았다. 더 큰 욕심을 부리기보다 더 소중한 것을 위해 시간과 애정을 쏟는 일에 집중했다. 이처럼 진정 자신이 원하는 모습으로 살아가자. 그래야만 자기 삶에 행복이 스민다. 자신이 행복할 때 다른 이에게 행복을 전하게 되며 더불어 삶의 기쁨을 누릴 수 있게 된다.

모든 일에서 자신감과 자기성찰의 능력을 길러라. 이것이 행복한 삶의 전제 조건이다. 자신이 꿈꾸는 행복한 삶에 대해 믿음을 갖고 흔들리지 마라. 세상의 기준이 모두 옳을 수 없으며 세상의 잣대에 자신을 맞출 필요가 없다. 자기 삶에 충실하고 그것을 귀하게 여길 때 행복이 유지된다.

현재의 모습에 만족하고 공명과 관록만 추구하지 마라. 소탈

한 모습으로 살다 보면 덕과 복이 쌓여 자신이 추구하는 바에 이르다. 그것이 진정한 자기 모습으로 사는 길이다. 자기 인생을 귀하게 받아들이고 인정해야 자존감이 높아진다. 어부가 부자에게 "저는 이미 그렇게 살고 있지 않습니까?"라고 반문하는 모습에서 그의 자존감을 확인할 수 있다. 당당함과 자신감이 충만한 삶에는 불만이나 불행이 끼어들 틈이 없다.

56

당당하게 자기 인생을 살아라

로맹 롤랑Romain Rolland은 "먼저 자신을 믿으라. 그래야 다른 사람들도 당신을 믿을 것이다."라고 말했다. 다른 사람이 할 수 있으면 자신도 할 수 있고, 다른 사람이 해낸 일은 자신도 해낼 수 있다고 믿으라는 의미이다. 그는 책상이나 침대 머리맡에 격려하는 문구를 적은 쪽지를 두라고 한다. "나는 할 수 있다. 분명히 할 수 있다.", "내가 최고야."와 같은 문장을 붙여두고 아침 일어났을 때와 잠자기 전에 읽어보라고 했다. 그리고 발표하기 전, 일하기 전, 특히 어려운 상황을 맞닥뜨렸을 때 결단력 있게 몇 번이고 되뇌이면 자기 안에 긍정적 암시 시스템이 작동한다고 했다. 이는 어떤 일에서든 의지를 격려하고 능력을 키워 자신감을 북돋운다.

한 사람의 눈빛에는 그와 관련된 정보가 담겨 있다. 사람을 똑바로 바라보지 못할 때, 무슨 일이 있거나 감정이 앞설 때, 숨기고 싶은 게 있을 때 등 여러 의미가 있다. 다른 사람을 똑바로 바라보지 못하는 것은 열등감을 느끼거나 상대방이 알게 하고 싶지 않은 일을 했을 때이다. 눈빛을 마주치면 들킬 것만 같은 두려움이 생긴다. 상대를 똑바로 마주 보는 것은 '저는 매우 성실하고, 떳떳합니다. 제가 말하는 말은 다 진실입니다. 당신은 저를 완전히 믿어도 됩니다.'라는 뜻이다. 눈빛을 빛내며 상대를 바라보면 신뢰를 얻을 수 있다.

너무 생각이 많거나 예민한 사람은 토론에서 그들의 장점을 발휘하지 못한다. 믿음이 부족해서 그렇다. 그들은 항상 '내 말은 대수롭지 않아. 다른 사람들이 신경도 안 쓸 거야. 그리고 다른 사람은 나보다 더 아는 게 많아. 나는 그들이 내가 멍청하다고 생각지 않았으면 좋겠어.'라고 소심하게 생각한다. 또 어떤 사람은 '다음에 내가 말해야지.'라고 다짐하지만, 앞 사람의 말이 끝나면 그는 또 일어서지 못한다.

자기 생각을 말하기 위해선 자신감이 필요하다. 기회가 찾아오면 어떤 대가도 아까워하지 말고 그것을 붙잡자. 할 말이 있다면 고민하지 마라. 용기를 내어 자신 있게 말하자. 그렇게 한 번 두 번 하다 보면 말하는 두려움이 사라진다.

자신감이 부족한 사람은 항상 자신의 단점을 보고 다른 사람의 장점과 비교하며 좌절한다. 그런 뒤 우울한 감정에 사로잡혀 자신감까지 잃어버린다. 수많은 자신의 장점은 보지 못한 결과이다. 모든 면에서 완벽해질 필요는 없다. 자신만의 재능을 사랑하자. 스스로 자기 재능을 알아주고 자신의 장점을 발견하는 데 능숙해져야 한다. 설령 그것이 보잘것없는 장점으로 인식되더라도 자신만이 가진 능력임을 명심하자. 자신을 제때 격려해야 자신감이 커진다.

그리고 자신을 칭찬하는 법을 배워 자기 자신으로 인해 기뻐하자. 상대적 열등감에 빠지지 말고, 자기 연민도 하지 말고, 자책도 하지 마라. 자신감은 유쾌한 기분을 유지하는 중요한 조건이다. 자신감은 자신에 대한 정확한 인식과 평가에서 나온다. 자신을 적절하게 칭찬하는 것은 자신감을 키우고 즐거운 생활에 도움이 된다. 자기 격려로 유명한 '60초 PR법'은 매일 60초 동안 자신의 장점을 큰 소리로 말하는 것이다. 거울을 보고 자신을 칭찬하며 자신감을 키우는 데 도움이 된다.

진정한 자신을 살아내고 진실된 자신으로 살기 위해선 자신감 외에도 자기 성찰 능력이 필요하다. 자신을 바꿀 용기가 있고, 서로 이해하고, 바로 소통할 수 있다면 행복은 그리 멀리 있지 않다.

우리의 삶은 날로 부유해지고 있다. 그런데 아이러니하게도 더 행복하려고 분주하게 행복을 쫓아다닌다. 그 결과 행복을 추구하는 길 위에서 자신을 잃어버린다. 타인의 시선과 기준, 평가 속에서 살아가며 힘들어한다. 훗날 노년이 되어 자기 인생을 되돌아볼 때 가장 큰 행복은 용감하게 자기 자신으로 살아갈 때였다는 사실을 발견하게 된다. **다른 사람의 말과 시선은 과도하게 신경 쓰지 말자. 대신 오롯이 자신으로 사는 법을 터득하자. 거기에 강한 자신감과 자기 성찰 능력이 더해진다면, 인생은 더욱 아름다워진다.**

인생의 목적에는 일과 건강과 행복이다.

일에는 즐거움이 있고 건강이 있다.

자기 직분에서 즐거움을 느끼고 보람을 찾는 사람은 틀림없이 성공한다.

헨리 포드

우리는 일 년 후면 다 잊어버릴 슬픔을 간직하느라고
무엇과도 바꿀 수 없는 소중한 시간을 버리고 있다.
소심하게 굴기에 인생은 너무나 짧다.

카네기

궁핍과 곤란에 처한 때야말로 친구를 시험하기 가장 좋은 기회이다.
어떠한 때에도 곁에 있어 주는 것이 참된 친구이다.
솔로몬 왕

사랑은 떨리는 행복이다.
이별의 시간이 될 때까지는 사랑은 그 깊이를 알지 못한다.

칼릴 지브란